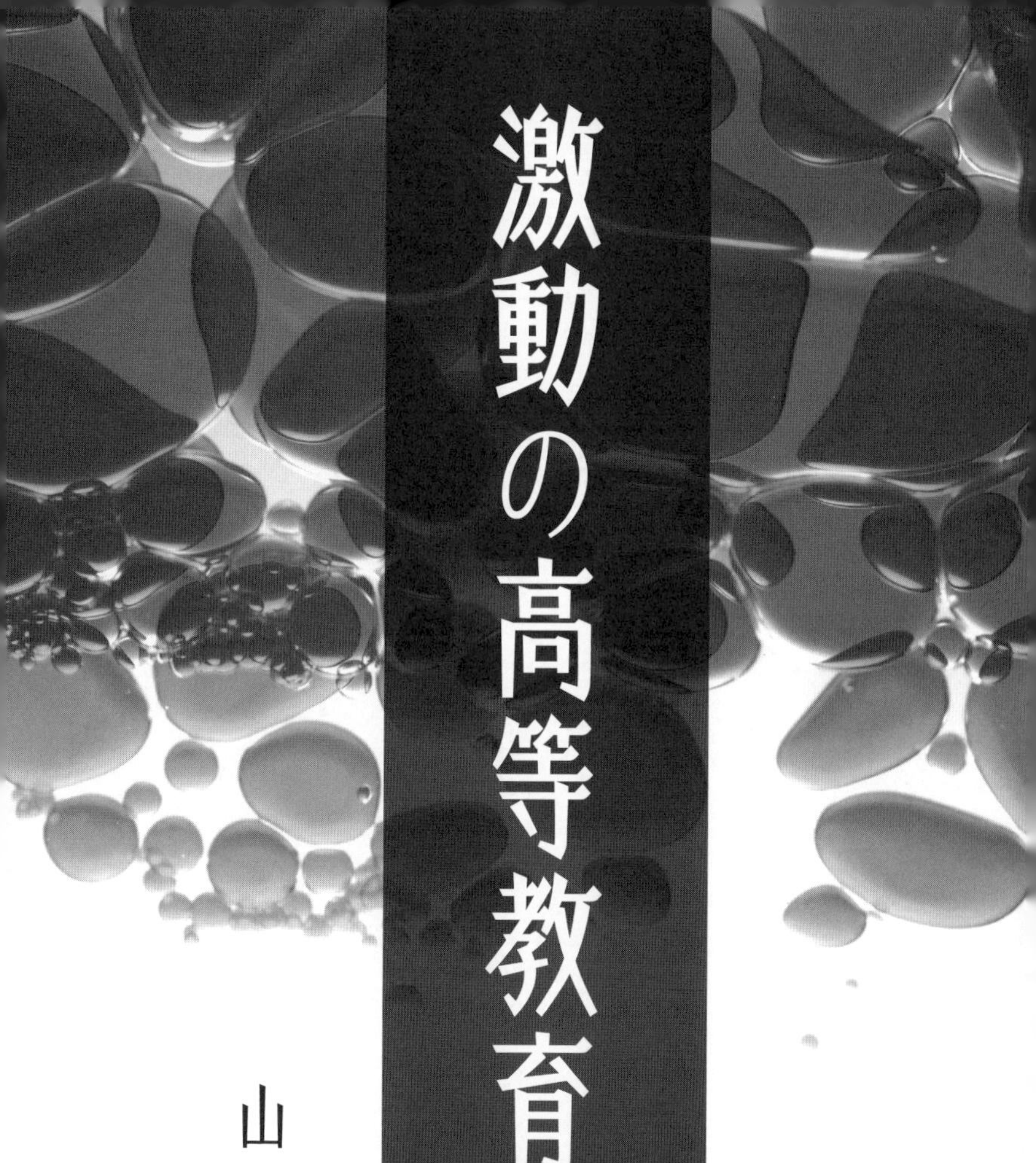

激動の高等教育（下）

山本眞一 著

はじめに（下巻）

下巻である本書は、上巻をうけて、現在の高等教育が抱える諸問題の中から、より具体的なテーマを選んで編集してある。質保証やガバナンスはその代表格であるが、これをたまたま私が出席した国際会議と関連づけて論じたのが、第9章「大学改革の課題～国際会議からのヒント」である。第10章「改革の現実」は、国内問題としての大学改革について、執筆当時私が面白いと思った話題を集めてある。第6節の授業日数についての話題は、東京や京都の夏の暑さのデータが付けてあるので、これを眺めながら考えていただきたいものである。

多様化は、今後の我が国の高等教育システムが向かうべき半ば必然の道のりと思われる。また、タテマエとしては同一の制度下にある大学も、現時点ですでに相当の格差がついているという現実を知る必要があるだろう。第11章は「高等教育の多様化」と題して、この問題を扱ってみた。うち第6節では、今の大学改革政策を「万能風邪薬」と評して、少々批判的に書いてみたが、皆さんも現実の大学を冷静に見た場合、どの政策がどのような大学に効くものか、より真剣に考えていただく機会となればと願っている。

多様化と並んで今の大学にとって重要な問題は、昨今のガバナンス改革がもたらす大学の自主・自律への危機のことである。第12章では「大学の自主・自律とガバナンス」としてまとめてみた。学問の自由や大学の自治は、ミクロのレベルでは個々の大学教員によってその基盤が整備されなければならないし、その点で教授会機能の縮小や学長のリーダーシップの向上策は、どの面で効果がありまた問題であるかを考えれば、なお大きな問題である。また、学内的にたとえ学長のリーダーシップが確立したとしても、政府と大学というより大きな次元で考えるとき、果たして学長のリーダーシップがどれほど大学の自主・自律に役立つのか、また役立つためには大学にどのような方策が必要かについても、考えてもらいたい。

第13章は「大学進学者マーケットを読む」とした。ここでは毎年8月に公表される文科省の学校基本調査の当該年度調査結果の速報と、私学事業団公表の私立大学等の入学志願状況調査の二種類のデータをもとに、大学経営環境も勘案しつつ状況を読み解く試みをしている。いわば毎年8月に、大学進学者マーケットの健全度を測る定点観測である。続く第14章では、近年の高等教育大衆化の進行の中で、ややもすれば見過ごされがちな大学院問題をまとめて取り上げてある。言うまでもなく、世界的視野で見ると、大学院は高等教育の上層部分、学部やそれ以下の高等教育は基底部分であり、その上層部分の充実がないと、グローバル社会で通用する人材育成は覚束ない。とりわけ文系大学院の改革と充実は急務であると思われる。皆さんもこの問題により真剣に取り組んでいただきたいものである。

第15章は、大学関係者の多くが関心を持ち続けている職員の地位と能力の向上方策を取り上げて「大学経営人材と職員」としてまとめた章である。私自身がこの問題の研究に着手した20年前には、なかなか周りの理解を得ることが難しかったが、今は逆に更なる職員論の深化のために何かが必要であるという、一種の見直し時期にさしかかっているように思える。この問題は奥が深いものであり、私自身も皆さんとともに考え続けていきたいと考えている。

第16章は、下巻の最終章であるとともに、上下2巻のこの本の最後の部分でもある。我が国の高等教育が真に国際通用性を持つには何が必要であるかを考えるとともに、退職年の3月を迎えて、私自身のこれからの高等教育研究や職員論の展開に関する雑感も含めて6本の論稿をこの章に入れてみた。

以上が、下巻の内容や執筆意図である。上巻に引き続き読み進めていただきたい。

２０２０年1月

山本　眞一

下巻目次

第11章　高等教育の多様化

第12章　大学の自主・自律とガバナンス

第13章　大学進学者マーケットを読む

第14章　大学院問題を考える

第15章　大学経営人材と職員

第16章　これからの大学

第9章

大学改革の課題～国際会議からのヒント

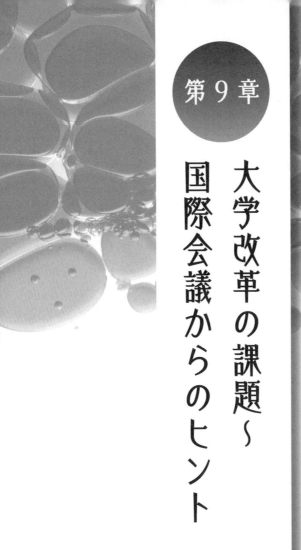

９—１　質保証と大学
〜第12回ＨＥＲ国際ワークショップに出席して

毎年世界各地で開催され、今年で12回目を迎える「高等教育改革に関する国際ワークショップ（略称ＨＥＲ）」が、10月21〜23日に中国天津師範大学で開催された。ワークショップには、日本を含め16カ国の40人を超える外国からの参加者に加え、中国各地から１００人以上の出席者を得て、盛会裡に終わった。私は国際アドバイザリー・ボードの一員として、これまで開催された12回のうち11回このワークショップに出席しているが、今回は最も参加者が多いものの一つで、初めて出席する若手研究者も多く、議論は活発であったと思う。

天津で開催されたワークショップ

ワークショップのテーマは、「高等教育における質保証とコントロールに関する政策と実践」であった。我が国でも大学教育の質的改善は、改革メニューの大きな柱になっているが、国際的にもこのテーマは高等教育改革の関心事の一つであることがよく分かる。会議は三つの基調講演、四つのパネルディスカッションに加えて、33件のペーパーがパラレル・セッションのかたちで発表され、学生や社会、大学、政府など様々な観点からみた質保証が総合的に論じられた。

最初の基調講演は、一日目の開会直後に香港大学の Gerard Postiglione 教授によって行われた。教授はニューヨーク育ちの米国人で、中国高等教育について詳しい人であるが、今後中国が経済的にも米国に追いつくとともに、高等教育の領域でも世界をリードするようになるだろうとの大胆な予測を述べた。また、その際の高等教育の質は世界標準に倣うのではなく、中国としての独自性を確立すべきで、中国モデルと世界モデルを足して2以上の成果を得るべきであると力説し、会場に詰めかけた多くの中国関係者の喝采を博した。

複眼思考が必要な質保証議論

二つ目の基調講演は、ワークショップ二日目に清華大学のShi（史）Jinghuan教授によって行われ、中国の大学の質を論ずる場合、現状のみで議論するのではなく、過去から現在までに如何に変化し改善されてきたかを捉えて、これを未来につなげるべきだと論じた。とかく中国では、質保証にせよ大学経営にせよ、政府の強い関与が問題だとする意見が若い研究者の間でも散見される中、学界の指導者としての見識を示そうとしたものと思われる。また、我々自身にとっても、常に複眼思考の必要性を考えさせられる講演であった。

写真　会議主催者代表の李素敏天津師範大学教授と

三つ目の基調講演は、最終日に広島大学高等教育研究開発センターの黄福涛教授によって行われた。黄教授は、それまでの議論も踏まえつつ、質保証を①その定義や代表的なモデル（オックスブリッジ型、政府主導型、米国型）、②主要な動向（国家機関の誕生、政策の変化、質保証の多様化、学習活動の重視など）、③得られる示唆、の三つに分けて論じ、質保証には教員の活動や学生の選択を助けるメリットのある反面、アカウンタビリティーの過度な強調による弊害にも気を付けるべきと論じた。

　四つのパネルディスカッションは、北米、東アジア、ヨーロッパそして中南米の四つの地域に分けて企画された。私自身も東アジアの高等教育の質保証に関するパネルを企画し、日本からは広島大学の大場淳准教授、中国からは天津師範大学の郭志明教授、そしてコメンテーターにマカオ大学の呉普婷准教授を入れて行った。両国の質保証の背景や現状、問題点が紹介されるとともに、それぞれの地域には特色があり、私の概括的な見方では、政府の関与の強弱と高等教育の多様性の強弱とによって基本的な特色が規定されるような印象を持った。

　さて、33件のペーパーセッションの方であるが、私も質保証に関するペーパーを用意して、「質保証と政府のコントロールとの関係」についての発表を行った。この発表では日本の質保証制度の現状に明るくない外国からの参加者のために、大学のこれまでの役割や大学の質に関する考え方が、大学を巡る環境変化の中で

図表　質保証をめぐる政府と大学との関係

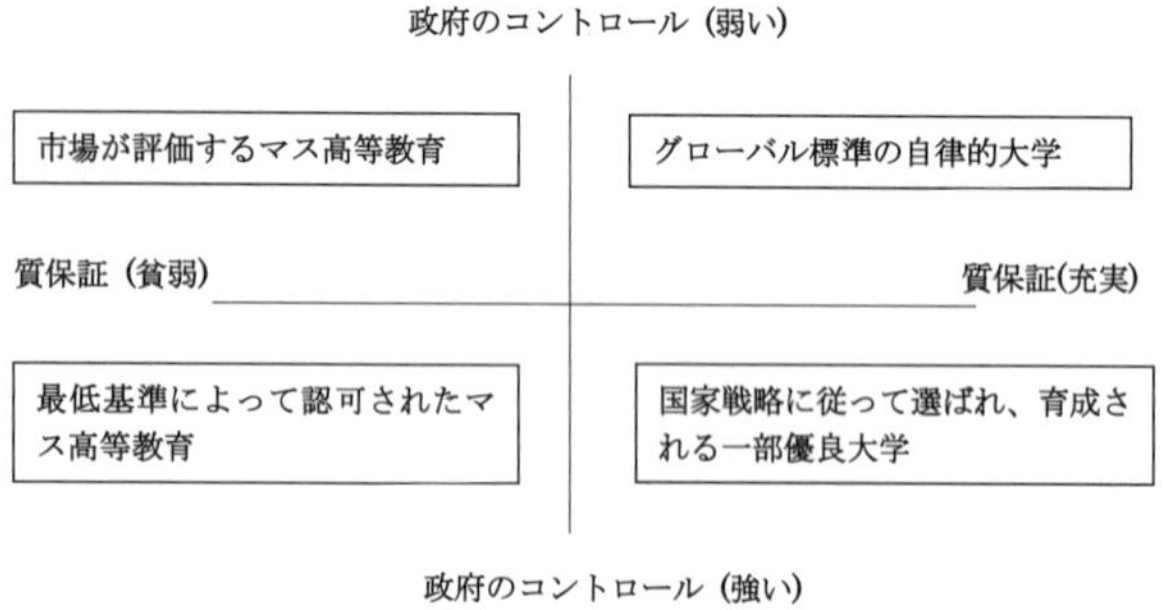

（出典）筆者のHERにおける発表資料（原文は英語）

変わってきたこと、とくにこれまでの大学の質は大学入試の難易度つまり偏差値ランキングに依っていたところ、近年の環境変化、特に18歳人口の減少に起因する入試の容易化や大学の大衆化に伴う学生の質の多様化などがあって、従来のような入試による学生の質のコントロールが効きにくくなり、学生の質を入学後にコントロールする、すなわち学生に何らかの実力を身につけさせるための教育の質を高める必要性が高まってきたことを論じ、図表のような枠組みを示して、その基本的考え方を述べた。

政府の関与のあり方も論点

すなわち、論点の軸を①政府の大学に対するコントロールの強弱、②質保証の充実度の強弱、によって四つの象限に区切ると図表のような四つの場面になる。このうち第二象限に当たるコントロールが弱くて、また質保証も貧弱であったのがこれまでの我が国の大学の姿であった。但し、現在は入試の選抜度が下がってきており、このまま放置すれば市場メカニズムに従って、一部の大学以外はその質の低下は避けられないだろう。このため、第一象限にあるように、認証評価の制度化など質保証を充実することによって、大学の質を国際標準に引き上げることが必要である。

但し、現状は第四象限にあるように、質保証制度の整備と並行して政府による大学運営への関与が強まり、例えば競争的資金や制度的規制の強化によって、一部の選ばれた大学を高い質の高等教育機関に育てようとする政策が進んでいる。グローバル30やスーパー・グローバル大学創成支援はその一例である。このような動きをどう捉えるか、大学経営上も政策形成上も極めて重要であると論じてみたのである。

今回のワークショップは三日間にわたって続けられ、最終日に総まとめが行われたが、その中で、欧州の伝統的大学モデルとは異なる各国の高等教育の発展の現状を出席者から直接聴くことができたこと、教育の質保証は各国の多様な高等教育システムとの関連で論じられるべきこと、しかしながら質保証は、優秀性、効率性、対応力、雇用可能性などをめざして教育の質を高め、より良い結果を得ることが肝心であることなどが語られ、久しぶりにアジアで開催（前回はカナダ、前々回は米国）されたこのワークショップにふさわしい結論が得られた。なお、ＨＥＲ国際ワークショップの成り立ちや趣旨については、本誌第３４８号（２０１４年9月22日）の連載記事で触れているので、併せて参照願いたい。

（２０１5年11月9日）

9―2　国際的にみる高等教育の課題
～カターニアとシンガポールでの会議から

カターニアでの会議

秋は学会シーズンであるが、私の場合も例外ではない。２０１５年9月末から10月末にかけての4週間に4回、高等教育関係の国際会議に出かけた。メルボルン、カターニア、シンガポールそして天津である。このうちメルボルンは広島大学とメルボルン大学との二大学間の研究交流であり、また天津は前号（第３７５号、２０１５年11月9日）で紹介したので、ここではイタリアのカターニアとシンガポールで開催された会議から、気づいたことを書きとめたい。

イタリア・シチリア島にあるカターニアで10月7日～9日に開催された会議は、「PASCAL International Conference」と言い、もともとはＯＥＣＤの地域開発事業に端を発し、２００２年にメルボルンで開催されたＯＥＣＤ会議でオーストラリアのビクトリア州とメルボルンのＲＭＩＴ大学（ロイヤルメルボルン工科大学）との共同により現在のかたちに組織化された。会議は今回で12回目を数える。ＰＡＳＣＡＬとはPlace and Social Capital and Learning（地域と社会資本と学習活動）のことで、ＳＯＣＲＡＴＥＳやＥＲＡＳＭＵＳなどと同様、ヨーロッパの哲人の名前にちなんだ短縮呼称である。活動は、ＯＥＣＤの地域開発・公共管理総局との連携のもと、ＣＥＲＩやＩＭＨＥなど高等教育に関係する部局も協力して実施されてきたそうで、ヨーロッパではグラスゴー大学、米国ではノーザン・イリノイ大学を拠点として展開している。

都市と大学の結合をテーマに

今回の会議を知るきっかけは、前号で紹介した高等教育改革国際ワークショップ活動に参画しているうちに、そのワークショップにしばしば参加していたグラスゴー大学のマイケル・オズボーン教授（高等教育学）から紹介されたことにある。同教授やワークショップの主催者であるブリティッシュ・コロンビア大学のハンス・シュッツェ教授らもこのＰＡＳＣＡＬ活動の主要メンバーとなっていたことから、私には全く初めての会議ではあったが、多少の親近感を持ちつつカターニアに向かったのであった。

今回１００人を超える参加者を得た会議の主題は「都市と大学とを戦略的に結合する」というもので、高等教育がいかにして地域社会に関与できるか、という我が国における大学の社会的貢献にも似たテーマであった。会議は３日間に及び、さまざまなサブ・テーマに分けて全体会や分科会で議論が行われた。議論の中心は大学の社会的役割についてであり、都市（Cities and Towns）における持続的発展、貧困、移民、雇用、平和、社会的正義、市民権、中等後教育へのアクセスなどさまざまな課題の解決に大学がどのように貢献できるかが、皆の関心事であった。具体的には「スマート・シティーと学習能力獲得機会」、「紛争地帯における高等教育の地域貢献」、「国境を越える大学と地元貢献」、「知識社会における科学理解～大学と地域の利害共有」、「文化活動の貢献と生涯学習」「営利大学の地域貢献～可能か夢か」など、私が普段接している高等教育研究者だけでは想像のつかない幅広いテーマが多数見られた。私自身は「地方創生における大学の役割～アカデミックな教育か職業教育か」というテーマで発表を行った。大学改革に関する会議は山ほどあるが、大学の役割に関する会議に出るのはあまりない経験なので、私にとってきわめて新鮮な印象があった。会議の様子やＰＡＳＣＡＬに関心をお持ちの方は、http://pascalobservatory.org/をご覧いただきたい。

シンガポールでの会議

カターニアに続き、10月14日～15日に、ＯＥＣＤとシンガポール政府共催による「高等教育の将来」と題する国際会議がシンガポールであった。私は昨年からＯＥＣＤ／ＩＭＨＥの理事会メンバーであるので、これに出席して世界の高等教育の現状と課題を知るとともに、現在懸案となっているＩＭＨＥプログラムの存続問題の背景も確認したかった。会議そのものの目的は、ＯＥＣＤ資料の表現を借りれば「高等教育は、社会・経済の発展に欠かせないという広範な合意がある中で、政策担当者や高等教育機関は今後非常に大きな困難に直面すると言われている。すなわち、公的資金の不足、人口動態の変化、学生や研究資金を求めての競争の激化、運営コスト削減の圧力、これまでの教育方法とは異なる形態の教育の出現などがこれである。この会議では、これらの課題を国際的視野から前向きに捉え、その解決策を模索することとしたい」（プログラムの記載から）ということであり、ＯＥＣＤ関係者やアジア諸国からの参加者など５００人近くの出席者があって、またよく組織化された運営の中で、盛大に行われた。

会議は四つのメインテーマを設定して、最初に全体会、引き続きそれぞれのテーマに基づく分科会という構成で行われた。四つのテーマは、この会議の主催者が考える高等教育の世界的課題ということなのであろう。第一のテーマは「高等教育の将来需要の見通しと対応」であり、グローバルな労働市場が複雑高度化する中で、人々が高度な知識・技術を身につけてその資質向上を図るというニーズに対応するためには、高等教育機関には何が求められているのか、について議論が行われた。また、高等教育機関の経営に当たる人材にも進化する情報技術に対応した能力向上が求められるであろうという趣旨の発言もあり、わが意を得たような感覚を持った。

第二のテーマは「アジアにおける高等教育の成長とグローバルな影響」であり、質・量とも増大の著しいアジアの高等教育の特性やその将来が語られた。第三のテーマは「技術・破壊・高等教育の拡散〜伝統的教育モデルへの挑戦」という刺激的なもので、ＭＯＯＣの発達に見られるように、従来とは異なる高等教育モデルの現状と将来について議論が行われた。この3月まで東京大学理事を務めた江川雅子氏（現一橋大学教授）も講演し、東京大学の事例が紹介された。第四のテーマは「コインの両側〜資源不足と質的向上」であり、高等教育の質保証の現状と課題についてさまざまな観点からの講演と発表があった。

以上を私なりにまとめれば、今回の会議で主催者が重要と思う高等教育の課題は、変化する需要への対応、アジアの高等教育の発展、新たな形態の高等教育の出現、資源不足の問題ということになるだろう。このほかにもいろいろな課題があることは承知しているが、二日間の会議という限られた中で多くの講演や発表に触れることができたことは、大きな収穫であった。なお、会議の様子に興味ある方は、http://oecdconference.sg/about を参照していただきたい。

アウトカム評価のフォーラムも

なお、この会議の翌日、10月16日にシンガポールのオーストラリア大使館において、オーストラリア政府、英国高等教育ファンディング・カウンシル（ＨＥＦＣＥ）および欧州委員会（ＥＣ）の共催による「高等教育の質的アウトカムの評価」と題する小さな国際フォーラムがあり、我が国からも国立教育政策研究所の深堀聰子氏が高等教育における学習成果の評価（ＡＨＥＬＯ）に関するフィージビリティー・スタディーの結果について講演するという情報をもらったので、これにも出席した。会議は、関係者による質的アウトカム評価の実践事例を紹介しあい、その実際と課題について、意見を交換するものであった。高等教育の質的向上は、前日までのＯＥＣＤ会議でも取り上げられた重要課題であるが、その評価の利用方法については、さまざまな意見があるようだ。しかし、例えばこれを公的資金の配分の判断材料に使うとなれば、にわかに生々しい現実問題となる。またこれは、我が国にとっても相当慎重な判断が必要なテーマとなるのではないだろうか。

（２０１５年11月23日）

9―3　日本的大学外部ガバナンス　～日本高等教育学会国際シンポから

大学と政府との関係

近年、大学をとりまく環境はますます厳しいものになり、大学の将来に対して危機意識をもっている方々も多いことと思う。とりわけ法人化以降の国立大学に対する政策当局の関わりの増大と各大学執行部の過剰な同調、私立大学を含めた全大学に対する産業界からの「役立つ教育」などの即物的要求、18歳人口減に伴う近未来の経営困難化などは、従来から守り育ててきた大学の価値を守りつつ、より良い大学づくりを目指したい関係者にとっては、暗い影を投げかける原因になっているのではないだろうか。このうち産業界からの声は学生の就職問題とも絡まるので、以前のように無視を決め込むことはできないであろうし、18歳人口減は与件としてコントロール不可能な前提であるので、とにもかくにも大学を維持する手立てを考えるしかないであろう。

しかし最初に挙げた大学と政府との関係は、国立大学だけではなく、補助金を通じて私学経営にも政府の意向や大きな影響力が及びつつある中、これだけは制度の問題であるから何とかならないのか、と考えている大学人は決して少なくない。先ごろ東北大学で開かれた日本高等教育学会大会で行われた国際シンポジウム「世界的視座から改めて国立大学法人化を問う～外部ガバナンスとしての政府統制の変遷～」は、そのことを推測するに十分な機会であった。以下、当日行われた議論の中から重要と思うことを紹介しよう。

このシンポジウムの主催者である日本高等教育学会配布のチラシによると、高等教育を巡る世界の潮流は、①レーガノミクスやサッチャリズムに代表される規制緩和、②公共部門の民営化、③競争や企業的経営の導入にあり、これが「市場化」、「新自由主義」、「新公共経営（ニュー・パブリック・マネジメント）」、「私事化（プライバタイゼーション）」等の呼称を伴いつつ世界に普及し、高等教育においても、①機関の経営的自律性の拡大、②基幹的機関助成の削減、③研究評価と資源配分との連動、④教育の質保証など、さまざまな政策手段が生まれたとしている。

写真　会場風景（山本眞一撮影）

世界的潮流と異なる法人化

日本における国立大学法人化も、このような世界的潮流の一環として論じられることが多かったが、その後に起きた官邸主導の政策形成、経済政策としての大学改革、国立大学のミッション再定義、大学の種別化など、主催者の認識では「法人化が謳った大学の自律性から政府の直接統制への回帰」のように見える出来事が続いている。このような問題意識の上に立って、議論の焦点を政府と大学との関係すなわち大学の外部ガバナンスについての政策論議に当て、国際比較の観点も加味して、これを論じようとしたのが今回のシンポジウムであった。

シンポジウムは、東北大学の大森不二雄教授の問題提起から始まったが、論点をよりクリアにするために、順序を入れ替えて、招待された外国人スピーカーの講演から紹介することにしよう。招かれたスピーカーは、米国ノースカロライナ大学のデイビッド・D・ディル名誉教授、ドイツ・ゲーテ大学のマイケル・ドビンズ准教授、香港教育大学のウィリアム・ロー助教の三人である。ディル教授は、米国大学においては政府による一定の枠組みはあるものの、大学に対してその内部ガバナンスを調整・改革できる広範な自律性を与えるなど、大学自治の中で高い研究生産性を有しており、これは大学自身が予算や教員の給与・雇用に関する権限を有していることが大きな要因であるとした。またドビンズ准教授は、バートン・クラーク教授の有名な三角形モデル（市場・国家・教員自治）（山本注：クラーク著（有本章訳）『高等教育システム』東信堂）を例にとりつつ、近年の三つの国における高等教育の特色とその変化、すなわちフランスは「国家強制型の『市場化』」、ドイツは「『フンボルト』から控えめな市場へ」、イタリアは「『出し抜かれた』国家」（山本注：建前と実際の齟齬）と特徴づけるなど、興味尽きない話題の提供があった。ロー助教は「グローバル化後の高等教育〜香港および東アジアの経験」と題してこの地域の高等教育ガバナンスに果たす政治や政府の役割を論じた。

さて、大森教授は「なぜ日本の高等教育は何十年改革しても変わらないのか〜市場化の仮面をはずした国家戦略の限界」という極めて刺激的な響きを持つ標題を掲げて、我が国における国立大学法人化の現実を論じた。大森教授によれば、国立大学の法人化は、自律性とアカウンタビリティーの二つの側面を持つものとして設計された。法人格の付与、使途を特定されない一括交付金（運営費交付金）の支出、教職員の非公務員化などは自律性の担保である。他方、中期目標の文科大臣による設定や、中期計画の認可、法人評価などはアカウンタビリティーのためではあるが、結果として政府統制の重要な手段である。

これら法人化設計時の統制に加え、政府による国立大学経営の集権的システムが、法人化後も変わっていないことを教授は指摘した。学部・研究科の設置、学生定員の設定、人件費、年度予算制度などがその例である。

政・官・財の改革が必要

もちろん、制度の運用次第で国立大学はもっと自由に自らの判断で方向性を決めることができるであろう。「市場化」や「競争」は、そのために用いられるはずであった。ところが、2007年5月に当時の規制改革会議が出した「規制改革推進のための第一次答申」で「国が一部の専門家の評価に基づき大学の取組を評価し、公費を配分するという仕組みはとるべきでない」、「国が主導して連携・再編・統合等を促すことは厳に慎むべきであり、あくまでも学生の選択の結果に基づき行われるようにすべきである」と市場主義原理で進めることを提言したにもかかわらず、翌月に行われた閣議決定「経済財政改革の基本方針2007」（いわゆる「骨太の方針」）では、国が主導して諸改革を推進することが謳われており、大森教授はこれを「現実の政策動向は社会主義的リストラへ進んだ」と見立てた。

このような旧態依然とした政府主導の大学リストラが進む背景には何があるか。大森教授は「改革を迫る側（政・官・財）に改革が必要だから」と言う。つまり「日本病」ともいうべき政治・行政システム及び経済・雇用システムの「病巣」をそのままにして、大学改革だけ求めても限界がある。教授は、閉鎖性から流動性へ、同質性から多様性へ、内向きから国際化へ、統制から自由へという四点の処方箋を示したが、まことにその通りと私も思う。
フロアの聴衆にも発言が促された折に、私は「一国の高等教育システムは、所詮その国全体のシステムの性格に制約される。外国に学ぶにもそのような限界を認識すべきではないか？」と発言した。一部の改革論者は、大学改革が進まない原因を他者の責任にするのはどうかと思うだろうが、高等教育を含め社会の諸要素はお互いに深く関係し合い、いわばシステムとして動いているのであるから、これだけはどうにもならない。国際的視野も入れた大学改革の本質に迫る議論が聴けて、有意義な一日であった。

（２０１７年６月12日）

9—4　高等教育改革に向き合う
～広島大学での国際会議に出席して

アラスカでの大学院サミットから帰って間もない先月26日から28日にかけて、広島大学高等教育研究開発センターで開催された「高等教育改革に関する国際ワークショップ」に出席した。というのも、このワークショップの国際アドバイザリー委員会委員の一人としての義務があり、また実際にワークショップのパネル・ディスカッションや個人研究発表を行う必要もあったからである。

学会とは異なるユニークな会議

今回「高等教育における実績と生産性の向上」(Enhancing Performance & Productivity in Higher Education)と名付けられたこの国際会議は、もともとはカナダ・ブリティッシュコロンビア大学のハンス・シュッツェ教授らが2003年に始めた高等教育改革に関するワークショップであり、これが大きく拡大し、これまでに、バンクーバー、ウィーン、東京、上海、ベルリン、ピッツバーグ、リュブリアナ、セント・ジョンズ、天津、ダブリンと世界各地の都市で開催（複数回開催地を含む）されてきた。日本からの参加者も文科省や大学関係者などかなりの数にのぼり、今年の広島で14回目のワークショップとなる。

学会ではなく、また政府・大学主催の会議でもないこのような研究会が15年近くもの長きにわたって継続しているのは、提唱者のシュッツェ教授やダブリン・シティ大学のマリア・スロウェイ教授らの熱意と努力に加えて、参加者が所属する世界各地の大学の温かい配慮が大きく寄与している。それに、会議の運営に多額の予算を計上することなく、渡航費用や会議費・宿泊費など通常の国際会議であれば必要な諸経費が、すべて参加者の個人負担であることも大きい。もちろん個人負担と言っても、それは各人が努力して獲得している競争的研究費その他の経費によって賄われることもあろうから、その意味で機関的にも個人的にも活発に活動を続けている参加者によって支えられてきた会議であるとも言えるだろう。

今回も60名を超える参加者があり、また海外からも、国際アドバイザリー委員会メンバーのシュッツェ教授が健康上の理由で、またメキシコのシャルマン・メンディオラ教授が震災復興のために出席できなかったのは残念であったが、カナダ、米国、メキシコ、チリ、アイルランド、スロベニア、韓国、中国、オーストラリアなど多数の国からの参加者を得た。会議のメイン・テーマは冒頭述べたように高等教育における実績と生産性の向上というものであり、今回作成のプログラムの冒頭に以下のような記述がある。

参加者の集合写真

「大学は、さまざまな方面から圧力を受けてきている。政府は大学への公的支出と引き換えに生産性向上と実績の証拠を求め、産業界は経済活動にとって有益な教育・研究活動を大学に求めている。学生たちは取得学位の雇用可能性が高まることを望んでいる」と。要するに、大学をはじめとする高等教育には政府や産業界さらには地域社会や学生からさまざまな改革要求を受けており、かつてであれば大学の自治の名の下にこれを拒絶することも可能であったが、現在ではそれはできない。また、我が国の高等教育改革における大学のポジションは、国際的に見てもかなり大学に不利な特異なものであり、これらの背景事情は今年6月に東北大学で開催された日本高等教育学会における国際シンポジウムの問題設定（本誌第413号山本眞一連載記事）および最近の大学改革への疑問（本誌第419号同）とも相通じるものがある。

テーマを超えたさまざまな話題

今回のワークショップは、三つの基調講演、二つの全体討論、そして四つの分科会における12の研究発表（若干数のキャンセルあり）によって構成された。三つの基調講演は、第一にカナダ・トロント大学のグレン・ジョンズ教授による「質の管理：学術の質とスタンダードの決定における教授職の役割の変化」と題し、近年のガバナンス改革における教員集団の意思決定機能の弱体化を論じたもの、第二に韓国・ソウル国立大学の申正撤教授による「アカデミック・キャリアパスとその開発」と題し、博士養成の国際的な傾向とその変化・課題を論じたもの、第三に早稲田大学の吉田文教授による「教育から学習成果へ：大学はステーク・ホルダーにどう説明できるか」と題して、近年の大学教育改革の傾向と課題について論じたものであった。

また、二つのパネル討論は、一つには広島大学の黄福涛教授ら4人のパネリストによる「変化する国際環境におけるアジア・太平洋地域における高等教育の国際化のための戦略と活動」であり、二つには私自身やマリア・スロウェイ教授らがパネリストを務めた「実績を上げ、生産性を増すための、政策改革と大学の実践～日本・北米・ヨーロッパの比較」と題するものであった。また、分科会における多数の発表は、さまざまな話題に及ぶものであったので、総括は省略する。具体的には広島大学高等教育研究開発センターのＷｅｂページを参照してもらいたい。

　会議の最終日には、このワークショップの総括のセッションが設けられ、スロウェイ教授と私がラポラツールを務めた。私は、ワークショップの印象と感想を6枚のスライドにまとめて説明を行った。その概要は以下の通りである。

「我々は、２００３年の第一回ワークショップ以来、世界各地の研究者によって自主的にこれを運営してきた。そこには毎回のように参加する中核的研究者と、高等教育改革に関心あるその都度の参加者との良好な協力関係が保たれ、これによって、毎年世界各地でワークショップを開催することができてきた。今回のワークショップの主要テーマは実績と生産性の向上策ではあったが、参加者はこれを超えるさまざまな話題を提供し、その中でも通底すると思われる「グローバル化」にはさまざまな共通性と相違性があることが分かった。学会の集まりとは異なり、参加者が自由な立場で、かつ前向きの姿勢で議論し合える環境があって大変良かった。また、三つの基調講演、二つのパネル・ディスカッション、四つの分科会における多くの研究発表があり、全体として昨今の高等教育改革の動向が理解しやすいワークショップの構成であった。現在、高等教育はグローバルな視点からも、また個々の地域においても、急速に変化しつつある。その中で、改革

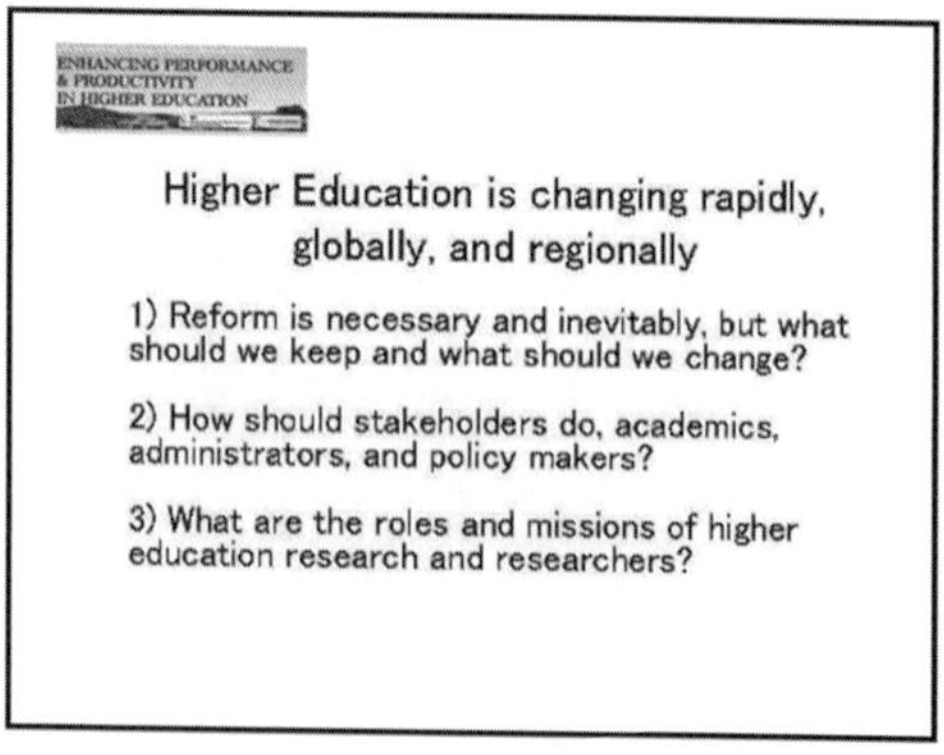

山本眞一による総括セッションのスライドの一部

によって大学の何を変え、何を守るか、大学教員、大学管理者、政策担当者がどのように振舞うべきか、そして高等教育研究やその研究者たちはどのような役割を果たすべきかを明らかにしなければならないであろう」。

最後に、酒都と呼ばれる広島大学の所在地、東広島にちなんで、「SAKE（酒）をずっと覚えておいていてください、しかし我々はより良い高等教育を造るために活動しているのです（Reform for the SAKE of making higher Education better）。」と洒落を飛ばして、全体をまとめた。来年は、米国・ボルティモアにあるジョンズ・ホプキンズ大学で開催の予定であり、高等教育改革の国際的動向やその研究に関心のある多くの方々の参加を期待したい。

（2017年10月23日）

9―5　ガバナンス改革をどう見るか
～広島大学国際ワークショップに出て

改革は教授会問題だけではなく

　大学のガバナンスというのは、大学における管理運営システムを指す用語であるが、同時に近年になって大学運営を巡る政府や産業界と大学との関係をも含む概念として理解されてきているようである。つまり大学の内部だけではなく外部との関係についてもその考察の目が向けられようとしている。それは大学を巡る諸環境の変化と無関係ではない。

　かつて大学自治と外部とりわけ政府からの不干渉は、学問の自由からくる憲法上の要請として当然のことと理解されていた。昭和24年制定の教育公務員特例法は、法人化後の国立大学にはもはや適用されないものとなったが、その規定によれば学長、学部長、教員の任免や懲戒等に関わる評議会、教授会の権限は極めて大きく、大学運営の基本である教員人事に重要な役割を果たしていた。また、人事以外の大学に関わる重要な事項についても、教授会の承認がなければ運ばないような運用がなされていた。もちろんそれには批判も強く、教授会が意思決定に関わることによる大学運営の不効率や学長の権限行使の事実上の制限への不満も高まっていた。

　ただガバナンス改革は、教授会の権限縮小を断行すれば済むほど、単純なものではない。むしろいまどき教授会云々を議論の中心に据えようとする向きは、世の中の進展による教授たち自身の変化を見ず、かつ大学の特質を深くは知らぬ者の議論であり、ある意味で、企業経営体制を過大評価するオールド・ファッション的な考え方である。なぜなら、我が国や海外の大学を見ても、大学の優秀性は教授集団の実力と明らかに相関関係があるからである。専門分野のことは専門家に聞けというのは、大学に限らず、専門職が活躍するさまざまな組織においても鉄則である。専門職集団を大事にしない組織では業績を十分に上げることはできない。組織のパフォーマンスは彼らの責任ある行動を尊重する中から生まれてくるものである。つまり誤解を恐れずに述べれば、教授会の強いことは一流校の証でもあるのだ。疑問のある向きには、我が国をリードする歴史ある大学群とそうではない新興の大学群を比較してみるとよい。新興の大学群のガバナンスを適正に行う必要はあるとしても、名だたる大学のガバナンスを無理やり曲げて世界の二流校に引き下げることは愚策である。

執行部への権限集中の中で

いささか筆が走ってしまった。しかし、昨今の大学とりわけ国立大学のガバナンスを考える際に、これはとても重要なことである。私が漏れ聞いているあちこちの国立大学において、従来はあった部局の自主・自律が縮小し、学長を中心とする執行部に権限が集中する傾向がある。国立大学法人法では、学長に極めて大きな権限を与えており、役員会や理事ですらこれを掣肘することができない。学長が独任制意思決定機関であることを改めて思い知らされる。これは私学の理事長や学長にもない大きなパワーである。私立大学では合議制機関である理事会が最高意思決定機関であるからだ。法人化当初は学長の権限行使には、学長自身が極めて慎重であったと思われるが、近年は学長が自覚してきたのか、あるいは学長の権限を我が掌中に取り込もうという部局やグループがそうさせているのか知らないが、学長らの大学執行部が学内の人的・物的資源を掌握し、これがますます彼らの権力の源泉になる傾向が見られる。

もちろん、政府がこの20年近くにわたって言い続けている「学長のリーダーシップ」は、機動的な大学ガバナンスにとって必要な面もあるだろう。しかし、大学という組織は、とくに総合大学では、さまざまな学問分野によって成り立っている。またそれらの学問分野、とりわけ文系と理系および医系ではそのガバナンスの性格は大きく異なる。一つの分野のみに通用する論理で他を治めることには無理がある。その意味で学長のリーダーシップは強制ではなく調整という要素をかなり取り入れて行わないと、全体としてはうまく運ばないであろう。

さて話しが長くなってしまったが、本稿の副題に掲げた国際ワークショップのことに触れたい。先月24日、広島市内において広島大学高等教育研究開発センターが主催するワークショップが行われた。センターでは年に一回あるいはそれ以上の頻度で国際会議を開催しているが、今回そのテーマは「東アジア・太平洋地域における大学のガバナンスおよび大学のリーダーたちとそのリーダーシップに関する比較研究」というもので、私が前半で取り上げたような内容も含むガバナンスとその改革に関する考察が目的であった。会議に招かれた外国からの発表者には、オスロ大学のピーター・マーセン教授やシドニー大学のアンソニー・ウェルチ教授、それに中国、台湾、香港、韓国からも高等教育を専門とする教授たちが招かれ、全国から集った高等教育研究者らと活発な意見交換が行われた。

ワークショップ風景（山本眞一撮影）

その発表や意見交換の内容を詳しく紹介する余裕はないが、後日、刊行物としてまとめられると聞いており、そちらを参照いただきたい。

ガバナンスに多様性を

会議の流れの中で、私にとって印象的であったのは、一つはガバナンスの問題は、大学の自主自律と社会に対する説明責任のバランスの問題であること、二つは我が国のガバナンス改革のもつ大学の自主・自律への配慮の小さいことである。最初のバランスの問題は、各国共通の話題でもあるが、これを実現するには、資源配分という生々しい問題があり、かつ各国の高等教育には独自の歴史的経緯もあることから、実際にはなかなか難しい。その意味で、国際比較は単なる制度の比較に限らず、現実がどうなっているのかという実証的な分析・研究が必要である。その意味で、ワークショップにおいて広島大学の大膳司教授（高等教育研究開発センター長）らのグループが発表した、１９９２年と２０１７年に行われた実態調査に基づく発表は、我が国のガバナンス改革の進展を数量的に明らかにするとともに、国立大学よりも私立大学で、また研究大学よりも非研究大学のガバナンス改革が進んでいることが報告され、大変興味深いものであった。但し、法人化後の国立大学の変化は極めて大きいものであると、私個人としては強く思う。

二つ目の我が国の大学のガバナンス改革の特色であるが、当日これを論じた東北大学の大森不二雄氏によれば、法人化を始めとしてさまざまなガバナンス改革の結果、文科省は個別大学のミッションの再定義などの例に見られるように、内部運営にまで達するミクロ・マネジメントを行うようになり、あたかも文科省自身が本部、大学が支部のようになって、学長はその支部長のようなものだ（但し表現は英語）とのことであった。極めて鋭い観察である。

各国は、それぞれの国の文脈に沿ったガバナンス改革を行っているが、私の印象では、とくにヨーロッパの大学は、政府とは一線を画した立場で運営が行われており、大学の自律性には我が国では考えられないほどのリアリティーがある。その点、日本を含めた東アジア諸国においては、やはり政府の役割は極めて重い。台湾の国立政治大学の周祝瑛教授によれば、同大学の学長から教育大臣など政府に入る例が幾人もあるそうで、大学と政府とのつながりの強さを感じることができるし、また北京大学の沈文欽教育学院副教授の発表の中では、中国の大学には学長と共産党組織が並存しているとのことで、これは関係者には周知のことではあろうが、我が国との違いを感じざるを得ないものである。ウェルチ教授が最後にまとめを行ったが「多様化が進む中では、画一的な見方は適当ではない」という結論めいた言葉が、私には説得力をもつものであった。

（２０１8年3月12日）

9―6　大学の社会貢献のあり方 ～国際ワークショップに出て

15回目のワークショップ

先月（2018年10月）24日から26日の三日間、私が国際アドバイザリー委員会の委員を務め、毎年のように参加している「高等教育改革のための国際ワークショップ」（HER）が、米国ボルチモアにあるジョンズ・ホプキンス大学で開催され、海外からの参加者を含めて90人以上の発表者・出席者が集った。このワークショップは、何度かこの連載で書いたことがあるが、2003年にカナダ・ブリティッシュコロンビア大学のハンス・シュッツェ教授とアイルランドのダブリン・シティー大学副学長のマリア・スロウェイ教授らによって始められ、その後世界各地で開催を重ね、昨年の広島開催を経て、今回のボルチモアで15回目を数える。私自身はこれまでに第2回のウィーンでの会合を除いて、今回を含め14回このワークショップに出席している。また、2006年には筑波大学での開催に当たってホスト役を務めたこともあった。ちなみにジョンズ・ホプキンス大学は、米国で最初に造られた大学院大学で、現在もトップクラスの研究大学として世界に知られている。

このワークショップの特長は、毎回のテーマと発表者の選び方など中身に関わることもさることながら、基本的には運営にかかる経費が研究者個人のボランティアによって支えられていることである。すなわち、会合開催に当たって、旅費や滞在費はすべて参加する研究者側で用意し、またこれに加えて2～3万円の参加費を主催者側に支払うことによって運営費の多くを賄うことから、開催校の負担が小さいのである。２０００年代始め頃はまだ一般的だった招待講演者の航空運賃や資料印刷・同時通訳などの経費の心配が一切なく、医学系など資金が潤沢なところは別だが、我々高等教育研究の分野のような貧乏所帯でも国際会議開催のハードルがずいぶん低くなったことが、この一連のワークショップの長続きの秘訣である。もちろん、同時通訳を入れないのは近年の比較的小さな国際会議ではごく普通になってきていることから、グローバル化の一層の進展を実感するものである。

テーマを論ずる意義

さて、本題である。このワークショップの全体テーマは「高等教育の公的使命の再生～政策と実践」というものであった。主催者側の責任者であるジョンズ・ホプキンス大学のアンティゴニ・パパドミトゥリオ助教授（Assistant Professor）の言によれば「大学の公的使命という概念にはいくつかの次元があります。一般論として述べれば、科学に基礎を置く知識や批判的思考、社会におけるより大きく根源的な課題に関する議論を提供することが、大学の公的使命なのです。しか

写真　会場となったジョンズ・ホプキンス大学と挨拶するモーフュー教育学部長

し近年、政府によってはこれを科学的証拠が疑わしいものとして、あからさまに議論を吹きかけるか、あるいは無視するようになって、この大学の機能に危機が迫っています。このため、このワークショップにおいて、大学と社会との関係を原理原則から議論し、これを明らかにすることは実に時宜にかなったものです。また、より現実に即した大学の公的使命とは、地域（Community）への貢献すなわち高等教育機関と地域との協力関係にあるのです」（今回のプログラムより）とのことであった。

これをうけて、ワークショップでは3人の基調講演に加えて、各セッションに割り当てられた50件を超えるペーパー発表やパネルディスカッションが用意された。各部屋に分かれて同時進行した発表も多かったので、全体を述べることはできないが、初日の基調講演の直後に行われた全体会場でのペーパーセッションでは、私自身も発表したので、少しだけ紹介をしておこう。より詳しくは、Ｗｅｂに載っているので参照してほしい。

大学の理念と社会貢献の関係

このセッションでは、私を含めてワークショップの国際アドバイザリー委員会のメンバー4人が出て、それぞれのペーパーを紹介した。始めに、スロベニアのリュブリヤナ大学のパベル・ズガガ教授は「高等教育と民主的市民社会との複雑な関係の歴史」と題して、大学の伝統的な役割である教育と研究に対して、高等教育が社会に果たす機能や民主的市民社会を形成するための役割は、しばしば伝統的な教育や研究の機能と矛盾し合うこともある複雑な歴史的経緯をもっている、としてスロベニアにおけるその関係の歴史を論じた。続くドイツ・フンボルト大学のアンドレ・ウォルター教授は「ドイツにおける公立大学のフンボルト理念とその変化の歴史」というテーマで、いわゆるフンボルト理念はさまざまな側面を持っていて、単に研究重視、エリート養成という風に捉えるべきではないこと、現実の大学改革に何らの示唆も与えないという意見がある一方で、行き過ぎた改革から大学を救い出す有益な手段でもあるだろう、と述べつつ、ドイツにおけるフンボルト理念の歴史的推移について説明を行った。

中国・天津師範大学の李素敏教授は「大学の公的使命の変化発展：天津師範大学に焦点を当てて」という課題で話をした。大学の公的使命が過去数十年の間に変化するにつれ、中等学校の教員養成を目的としていた同大学は、さまざまな使命をもつ総合大学化してきた。しかし、今年になって公立学校の教育の質を改善するという目的のために、再び教員養成の目的が強調され始めていると述べた。最後に私は「日本の文部科学省はどのようにして大学のガバナンスを制御することに成功したか？その戦略と戦術」と題して、政府が世の中の変化に乗じ、法人化や認証評価などの制度改正、競争的資金配分と政策との結び付けなどの方策を用いて、大学に対する優位性を確立した経緯を説明した。「教授も大学も自治よりお金を欲しているようだ」と話すや、聴衆が大笑いして、その後はとても真面目に話を聞いてくれたのが印象的であった。

米国が他国と違う条件

大学の社会貢献について、さまざまな発表がある中で、これはと思わせるものが結構あった。私の印象では、当初から想像していたとおり、米国の大学とその他の国の場合とではかなりの違いがあるということである。米国は成熟社会であり、また政府の関与の少ない中で、民間の力で高等教育の発展を成し遂げた国であるので、さまざまな局面での話題が豊富かつ多様である。これに対して他国においては、途上国では社会的インフラ全般の発達が不完全でそれが大学の機能にも影響を与えており、また新興国や先進国においては、政府の役割が米国に比べて格段に大きい。大きいということは政府の関与なくして大学の役割の拡張が難しく、多くは政府の高等教育政策の方向に左右されるということである。我が国においては、明治以来、立身出世の手段としての高等教育機関進学の意味が大きかったし、政府の側も国策として大学を活用してきた経緯から、とくに国立大学については地域との関係が弱かった。むしろ地域との関係の強いのは、高等教育機関ではなく、工業高校や商業高校のような地元に根ざした公立中等教育機関であったのではないかと私は考えている。最近、官邸の肝いりで文科省が行っている「大学ＣＯＣ事業」や「地（知）の拠点大学による地方創生推進事業」（ＣＯＣ＋）がどの程度の効果を挙げているのか、詳しくは承知しないが、採択自体が目的ではないことを祈るとともに、これが本来の趣旨を離れての定員割れ大学の救済策でないことを信じたい。

（２０１８年10月22日）

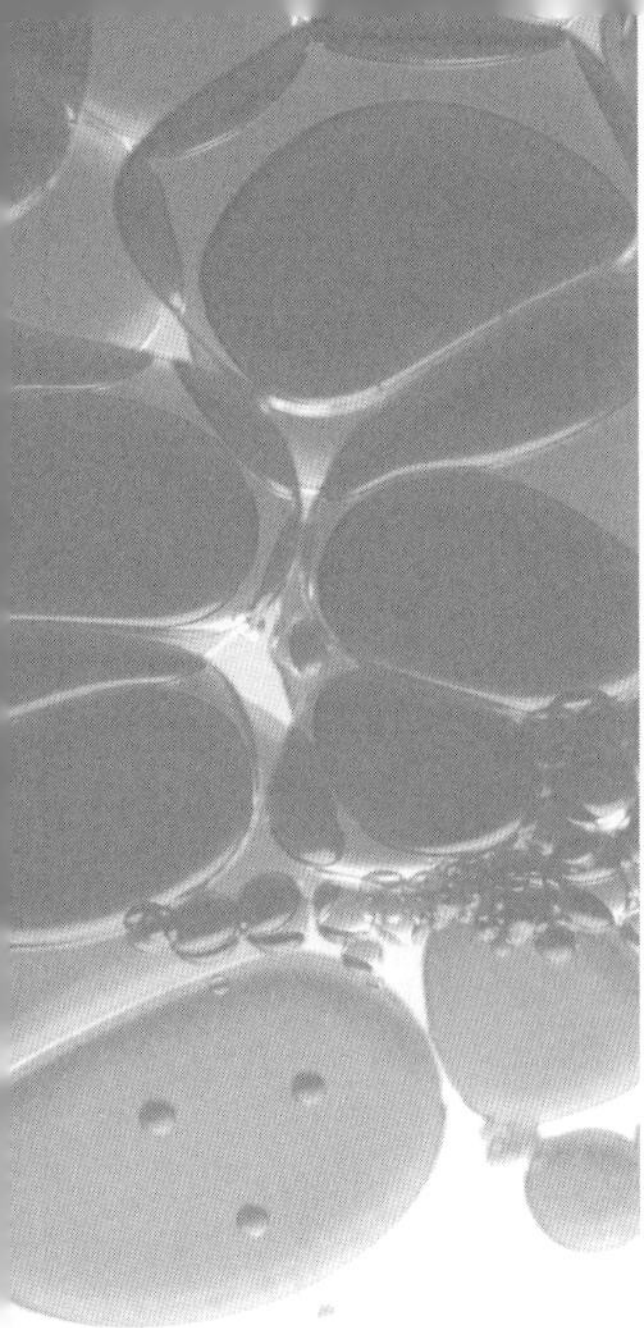

第10章

改革の現実

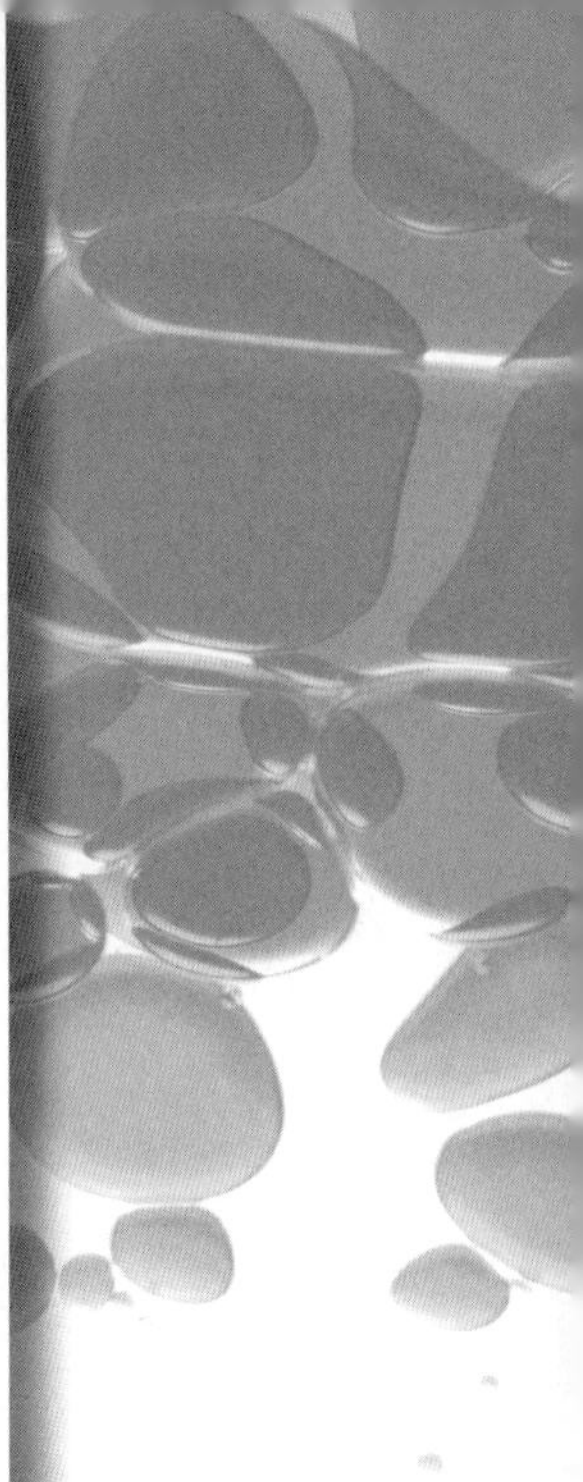

10―1　大学経営への政府の関与

高等教育の事前規制緩和

　皆さんは「事前規制から事後チェックへ」という言葉を聞かれたことがあるだろうか。これは、「構造改革なくして景気回復なし」をスローガンに行政改革を進めていた小泉内閣が、総合規制改革会議の議論を通じて２００１年12月に出した同会議の第一次答申において、改革のための重点六分野の一つとされた教育の規制改革について、使われた言葉である。同答申は、規制改革が「供給主体間の競争やイノベーションを通じて、生活者・消費者が安価で質の高い多様な財・サービスを享受することを可能とするとともに、自由な環境の下でビジネスチャンスを拡大し、社会全体としての生産要素の最適配分を実現することによって、経済を活性化する」との問題意識の下、国民生活に関係するさまざまな分野にわたり、大胆な規制緩和の方針を打ち出した。高等教育については「大学や学部の設置に係る事前規制を緩和するとともに事後的チェック体制を整備するなど、一層競争的な環境を整備することを通じて、教育研究活動を活性化し、その質の向上を図っていくことが必要」と述べて、大学・学部の設置規制の準則主義化、第三者による継続的な評価認証（アクレディテーション：現在の制度と語順が異なることに留意）制度の導入、その他さまざまな提案を行った。その後、答申に基づき設置認可の要件や手続の改正、認証評価の制度化など、所要の措置が取られて今日に至っていることは、周知のことである。

ところで、この大きな政策転換とも言うべき「事前から事後へ」の軸足変更は、大学にその運営に関わる自由度の増大をもたらしたであろうか。確かに、これまで学部・学科の新増設はおろか、定員増まで含めて、大学の組織編制の隅々までに張り巡らされていた設置認可の網は大きく破られた。これによって、学部・学科の改編がそれまでよりもはるかにスムーズになり、A学部が届出を繰り返すことによって、いつの間にかB学部に変わる、つまりエッシャーのだまし絵のごとく変遷をすることさえも可能になることを批判する者が現れるほどになった。また、工業（場）等制限法の廃止に伴い、従来厳しく制限されてきた地域における大学の新増設が容易になったことによって、新増設はもとより、かつて郊外や地方に移転していた大学の都心回帰をもたらすなど、大学の立地についてもその環境が大きく変わった。

軸足変更と大学の自由度

但し、事前規制の緩和は、当初から事後チェックの強化とセットになっていた。つまり全体としてみた場合、この軸足転換は大学に無制限の自由度を与えるような政策変更ではなかった。例えば、事後チェックの典型として位置づけられるであろう認証評価は、すべての大学が7年ごと以内に受けなければならない厳しい関門である。認証評価においては、教員組織、教育研究体制、管理運営、財務など大学運営の各分野について、専門的見地からの判断に加えて、大学設置基準等の法令要件に適合しているかどうかが厳しく問われる結果、大学に与えられた自由裁量の余地は、意外に狭いことが知られるようになった。また、設置認可後の設置計画履行状況の調査（いわゆるアフターケア）や、より一般的な指導助言など、文部科学大臣に与えられた権限は、事後チェックに限っても極めて大きい。

とくに、国立大学については、２００４年の法人化直後から、これが大学経営の自由度を増す改革であったのか、それとも予算と人員を削減するための行政改革に過ぎなかったのかについて、さまざまな論争を巻き起こしてきた。常識的な解答は、法人化の実施にはさまざまな課題があるが、全体としては競争的環境の中で、国立大学の活性化に資するところが大であったというものであろうが、果たして実態はいかがなものであろうか？

要するに、政府は法令による規制、行政指導など事実上の規制、予算など資源配分による大学経営の誘導、広報などを通じた世論の喚起などさまざまな政策手段をもっており、政府の力が強いといわれる東アジア諸国の一国として、これらの政策手段は各大学の経営判断を左右するほどの力をもっている。したがって、規制や誘導の手段として使われる諸政策の組み合わせ如何は、大学の経営の自由度に大きく関係してきたし、これからもそうであろう。このため、政策担当者には大学の本質に関する深い理解が必要であり、その理解の上に立つ抑制的でかつ優れた政策があってこそ、初めて大学やその他の高等教育機関の繁栄があるものと考える。

政策のベクトルは外向けに

この点で、最近二本の興味ある記事を読んだ。その一つは、日本経済新聞２０１５年７月20日付け教育欄に掲載された新潟国際情報大学の平山征夫学長（元新潟県知事）の見方である。「国の過剰介入が問題」というタイトルが付けられたこの記事において、同氏はＣＯＥやＧＰそしてごく最近のスーパーグローバル大学創成支援事業など文科省が打ち出した各種の競争的資金型大学支援事業を批判し、同じ方向の改革を進めるだけの政策ではなく、学生側の視点に立ちつつ、各大学の自主性を尊重すべきことを主張している。「文科省は何もしないでいてくれた方がいい。高等教育はどうあるべきか、ビジョンをきちんと示し、あとは大学に自由にやらせてほしい。」という同氏の言葉は、おそらく多くの大学関係者の共感を呼んだことであろう。

いま一つは、『内外教育』（時事通信社）２０１５年7月24日号に出た大阪大学の小野田正利教授の連載記事である。この記事は平山学長の主張よりも辛らつであり、記事のポイントを引用するならば、「①文部科学省は許認可官庁から、財政誘導を通した政策官庁へと変貌、②学問の府である大学が独自性を発揮できる余地は、確実に低下してきた、③学問の優劣を定め、大学内部に騒乱をもたらしかねない種が蒔かれた」とあって、近年の高等教育政策のいくつかを暗示しつつ皮肉を込めて批判している。同氏の言う政策官庁への変貌は、私が常々主張してきた「全国大学事務局から、霞ヶ関標準の役所へ」という状況描写と通じるものがあり、考えることは皆同じなのだという感想を持った。また、大学を「犬」にたとえて、協働できず競争に走って自滅するさまが論述されているのは、ＯＲ（オペレーションズ・リサーチ）のセオリーに忠実に沿って各個撃破に走る政策当局の頭の良さを連想させ、同時に、大学関係者の知恵不足に幻滅させられる気分である。

いずれにしても、強権と誘導は、文科省に限らず、昨今の霞ヶ関諸官庁の共通の土俵であるから、文科省だけが自制することは困難なのかもしれない。実際、文科自身も財政当局から圧力を受けて、毎年のように何か新機軸を打ち出さないと予算が確保できないという事情があるのだろう。しかし、教育基本法にも保障されている自主性、自律性その他の大学における教育及び研究の特性の尊重がないがしろにされ続けるならば、やがて高等教育界のみならず、政策当局まで巻き込むかたちでの地盤沈下は避けられないのではないかと気がかりである。文科省のエネルギーは、大学へという内向きのベクトルではなく、産業界や政界そして霞が関ムラでの競争へという外向きのベクトルとして使われなければならないと思う。今年も概算要求の季節、文科の後輩諸氏の奮起を望みたい。

（２０１５年8月10日）

10—2　高大接続と大学入試改革～実現に向けての課題

高大接続改革会議報告

春は入学の時期。桜の花を見るにつけ、新しい学年の始まりを感じる。入学式を含め、日本社会のさまざまな制度の開始は、陽気が日増しに盛んになる春が良いのではと直感する。その入学時期に先駆けて先月、国の「高大接続システム改革会議」が最終報告をまとめた。高等学校教育改革、大学教育改革および大学入学者選抜改革の三つの柱からなる60ページを超える大部のもので、検討の背景と狙い、改革の基本的な内容、実現のための具体的方策、今後の検討体制等の四部に分かれている。具体的方策に非常に多くのスペースを使っているのは、この部分にいかに多くの問題があって、委員はじめ関係者の合意を取り付けるのに時間がかかったかが想像されるものである。

この報告は新聞でも大きく取り上げられており、主要紙は社説でこれを論評し、それぞれ「大学入試改革　理念倒れは避けよ」（朝日）、「大学入試改革　具体的な設計で着実に」（毎日）、「大学入試改革　高校教育の質向上を促したい」（読売）というタイトルを付けている。三紙に共通するのは、理念は良いが実施とその体制をどうするかという点に疑問符があるということである。私も同じような印象であり、文章は美しいが実施方策には難題、というのが正直なところである。スケジュールに追われて苦し紛れに吐き出した報告というのは、少々言いすぎであろうか。もっとも、実施は少し先の話であるから、関係者が知恵を出し合って少しずつ修正を加えていけばよいとも言えるだろうが。

報告では、新設される二つのテストのことが述べられている。一つは「高等学校基礎学力テスト」であり、もう一つは「大学入学希望者学力評価テスト」（いずれも仮称）である。これらのテストの目的や実施の細目については、さまざまな意見があった。最終報告の時点での私の率直な感想は「勉強しない高校生の現実、学生集めに苦しむ大学の実情をどの程度踏まえたものなのか」である。これらのいずれにも、受験生人口の減少がその背景にあることは間違いない。報告自身が述べているように選抜性の高い大学が一部に存在する一方、私立大学の43パーセント（2015年度）は入学定員を充足できない状態であり、推薦入試・AO入試による大学入学者の割合が43パーセントと15年前に比べて10ポイントも増加している。このような状況の中、入学者選抜の本来の趣旨・目的に沿わず「単なる入学者数確保の手段となっているものもある」というのがこの報告の認識である。

大学入試改革に向けて

これでは学力水準の高い高校生はともかく、それ以外の高校生は学力試験による受験のインセンティブが沸かないであろうし、推薦やAOで入れる、しかも実質的に学力や学業成績が問われることがない、ということであればなおさらである。確かに、今、かつてのような受験勉強であるとか試験地獄という言葉は、一部の難関大学や学部を受験する高校生だけのものになりつつある。そこで高校生の学力水準を確保するため打ち出されたのが「高等学校基礎学力テスト」であるらしい。しかし、その実施に到る道のりは非常に遠く、平成31年度に試行導入されるのは国語、数学、英語だけであり、平成34年度まではこれを大学入学者選抜や就職には用いないとしている。しかも、平成35年度からの本格実施は「目指す」とあるから、その先の姿が未だ見えないままである。

一方、「大学入学希望者学力評価テスト」については、大学入学に直接関係するものだけに関係者の関心は高く、そのあり方についてもさまざまな議論がある。報告では、この試験は「大学入学に向けた学びを、知識や解法パターンの単なる暗記・適用などの受動的なものから、学んだ知識や技能を統合し構造化しながら問題の発見・解決に取り組む、より能動的なものへと改革する」として、「思考力・判断力・表現力」を中心に評価すると述べている。このこと自体はまさに正論だが問題はその実行方法である。

第一に、このテストは現在の大学入試センターテストに代わる共通テストとして設計されるものであろうが、その改革理念にかかわらず、少なからぬ大学に関して、学生集めといういわば至上命題がある状況では、いかに優れた改革であっても、これが利用されないか、あるいは実態に合わない無力なものになりかねない。だからと言って、改革のレベルを下げれば、改革の理念自体に影響を与えてしまうだろう。具体的な解決を目指すならば、それぞれの大学の実情に応じてこれを利用するかしないかは各大学の判断とすべきことを改めて確認しなければならない。

第二に、このテストではマークシート式問題の改善や記述式問題の導入を検討するとしている。確かに記述式を取り入れることによって「複数の情報を統合し構造化して新しい考えをまとめる思考・判断の能力や、その過程を表現する能力」をよりよく評価できるようになることであろう。しかし、50万人を超えるような受験生の記述式解答をどのように処理するのであろうか。報告自身でも認めているように、作問・採点・実施方法等について乗り越えるべき課題が、おそらくは多数存在している。策定者は現在国立大学の二次試験で行われているような解答の自由度の高い記述式ではなく、「条件付記述式」というより簡易なものを考えているようだが、これにコンピュータを効果的に活用して採点することも含めて、手間がかかって効果が薄い記述式とならないような工夫が必要である。マークシートの改善の方は、正解が一つに限られない問題とすることが提案されているが、こちらの方が少ない労力で大きな効果が得られるかもしれない。現行のように必ず正解が一つ含まれるものだと、まぐれ当たりの可能性を除去できないからである。昔、司法試験の短答式がそうだったように、より実質的な試験になるのではあるまいか。

将来にゆだねられた検討課題

いずれにしても、この報告はさまざまな具体的課題の多くを将来に先送りしている。「検討する」という文言が、私が個人的にカウントしただけでも43箇所もある。あたかも、司令塔で計画した抽象度の高い方針が現場で適切に実施されると言わんばかりであるのは、如何にも霞が関らしいやり方であるが、実施する大学等の身になって考えることも実効性を高める上では重要なことであろう。

終わりに、少々気になることが書いてあった。「認証評価については、今後は、大学として求められる最低限の質の確認のみならず、大学教育改革や大学入学者選抜改革、さらには改革後の大学の教育研究機能の高度化に、より積極的な役割を果たすものとすることが重要である」と。今回の改革案を含め、およそ国の定める改革方針がすべて認証評価に反映されるとなると、それこそ旧大蔵省が金融機関の経営について「箸の上げ下ろしまで指示する」と言われたように、大学には極めて窮屈な経営が求められることになる。これは教育基本法にいう「自主性、自律性」に反することでもある。そうなれば、もはや大学は学問の府ではなく、職業訓練校に準じた実業学校と言われるようなものである。そういう学校はあってもよいが、優れた大学はやはり大学として扱われるべきである。関係者の猛省を促したい。

４月から勤務校の大学院部長を務めることになった。大学院は私の研究課題の一つであり、かつ文部省に入省した折最初に扱った仕事である。皆さんのご支援を得つつ、職務に励みたい。

（２０１６年４月11日）

10—3　大学教育と単位制～より良い学びの実現のために

猛暑の季節に授業とは

今年（2017年）の夏は猛暑である。とりわけ7月に入って、各地で豪雨とともに猛暑が報告されている。実際、クーラーの普及していなかった数十年前なら社会の諸機能がマヒするかと思うような暑さが、東京では連日のように続いている。このような猛暑を避けるには、どこか涼しいところに出かけるに限る。避暑というのはまさにその通りで、暑さを避けるには、以前ならば信州や北海道などの冷涼な土地で過ごすしか方法がなかったものである。戦前や戦後も1970年代頃までの大学教授たちが書いたものを見ると、夏は相当長期間にわたって避暑地に涼を求めていたことが分かる。

ただ、大学を含めて世の中全般が忙しくなる中、クーラーの普及によって人々の夏の生活は大いに変わった。渡部昇一氏の『知的生活の方法』（講談社現代新書）がベストセラーになったのは昭和51（1976）年のことであるが、その中に次のような記述がある。「ある年、思い切ってクーラーを付けたのである。それはまったく魔法の如きものであった。夏休み中、まるまる東京にいて勉強できたのである」つまり、それ以前は、夏の3カ月を暑さのためにほとんど無為に過ごしていたのに、それがなくなった、クーラー設置以後は著作が進捗したとするなど、その効用を絶賛している。ちなみに、私が中野の狭い公務員住宅にこれを取り付けたのは、昭和54年の夏であった。別に勉強が理由ではない。夏前に生まれた長男が余りの暑さに機嫌が悪く、子育ての必要に迫られての決断であった。

さて今、学士課程教育の実質化の一環として、学生の学修時間の確保が声高に叫ばれ、大学設置基準の厳格な運用と称して、大抵の大学では7月の半ばを過ぎても授業を行っている。二学期制の場合、試験期間以外に15週間の授業期間が求められるから、4月の中旬から授業を開始したとして、どうしても7月半ばまでの授業となり、下手をすれば、試験期間を含む学期が実質的に終るのは8月にずれ込んでしまう。かつては小中学校の夏休み前から夏季休業に入っていたと記憶している大学の学事日程も、いまや小中学生が登校しなくなった後も、大学生はまだ学校に通うというような逆転ぶりである。

一単位45時間の考えを巡り

もちろん今の大学の教室は、昔と異なり冷暖房完備が多い。教室内の環境は以前に比べてはるかに改善されている。しかし、通学途中の酷暑だけは避けることができない。このように苦労する割に、授業の能率・効果が上がっているのであろうか。15週の授業期間という硬直的な制度運用に対する批判を意識してか、文部科学省は平成25（２０１３）年に大学設置基準および短期大学設置基準を改正し「各授業科目の授業期間について10週又は15週にわたる期間を単位として行うことを原則としつつ教育上必要がありかつ十分な教育効果をあげることができると認められる場合には各大学及び短期大学における創意工夫によりより多様な授業期間の設定を可能にすること」とした。

但し、改正に伴う通知の中で、文科省は「10週又は15週と異なる授業期間を設定する場合は教育上の必要に加え10週又は15週を期間として授業を行う場合と同等以上の十分な教育効果をあげることができると認められることが必要であること」とするなど、その運用には抑制的な姿勢が感じられる。

最近、ある大規模大学において、従来2時間の授業を90分で実施していたのを１００分に改め、これに伴い15週の授業を14週に短縮する動きがあると聞くが、その実施の推移を見守りたいものである。もっともこのようなマイナーな「改善」がどの程度の効果をもたらすかは未知数である。

合理的だった三学期制

そもそもの問題は、夏の暑さと夏休み期間の設定とのずれにある。4月半ばから授業を開始すると、15週という壁に突き当たる。仮に14週としてもそれほど大きな変化はないであろう。そうだとすれば、かつて新構想大学の企画の目玉の一つと言われていた筑波大学の三学期制は、それだけを見れば結構合理性があったことが分かる。つまり、10週間の授業を年間3回実施するかたちだと、4月に始まる学期は6月中には終るので、酷暑の7月と8月は夏休みということになる。通年授業という長年の習慣から抜けきらない一部の教員の声や、国内の他大学との交流に差支えが多いなどの理由によって、今は廃止されて二学期制に移行してしまったが、国際交流の観点から考えれば、従来のままの方がよかったのではないかと思う。

だがしかし、問題の本質はもっと深いところにある。「一単位の授業科目を四十五時間の学修を必要とする内容をもつて構成することを標準とし、授業の方法に応じ、当該授業による教育効果、授業時間外に必要な学修等を考慮」（大学設置基準27条2項）するというのが制度上のタテマエであるが、これに基づき多くの大学では講義科目については15時間の授業と30時間の授業外での学修を組み合わせた計算方式で運用していることであろう。またその際、本来は１２０分が2時間であるべきところ、90分を2時間とみなす慣習も定着している。これらはすべて、教室数の不足など戦後の劣悪な教育環境の中で、少ない授業時間で多くの単位を稼ごうという対策でもあった、と文部省の先輩から聞いた覚えがある。

制度と実態のずれも

ただ、45時間の学修時間の内容は、と問われたら大学関係者でさえ直ちには答えられないであろう。それは大学設置基準の言うように「各授業科目の単位数は大学において定める」（大学設置基準27条第1項）ものであり、内容については原則、大学と担当教員の判断に委ねざるを得ないからである。分野によっては国家資格取得のために学修すべき内容が、規則によって相当細かに決められているものがあるが、普通にはその内容はあらかじめ示されるシラバスによって判断せざるを得ない、ある意味で融通無碍のところがある。逆に言えば、そのような内容なのだから本当に45時間の学修時間を必要とするのであろうかという疑問が素人考えからは浮かぶものである。

その疑問は、夜間授業による社会人の学修というものを考えると、いよいよ深いものになる。例えば、多くの大学においては、夜間や土曜授業の履修によって、これに多少の昼間授業を足せば4年間で卒業することが可能だと取り扱われているが、週40時間以上の労働時間に加えて、週当たり45時間ほどの学修時間を確保することは果たして可能なのであろうか？　逆に、年間30単位少々を標準に考えられている大学設置基準の規定（卒業までに124単位以上）を大幅に超えた単位履修を認めるケースが、国家資格取得に必要だとの理由から散見されるが、これについては形式的にも実際的にも、一単位45時間の原則に従っているのであろうかが疑問である。ちなみに、大学基準協会の認証評価で、現時点では年間50単位未満までの履修制度を認めている（大学評価ハンドブック）ようであるが、単位制度の趣旨からみて果たして適切な取扱いなのであろうか。

つまるところ、単位制度をあまりに形式的に考えることによる弊害や、単位制度の趣旨に合わない取扱いが現実にあることに対して、関係者がより真剣に向き合い、大学教育の目的に即した改善・充実方策を考えなければならないということではないだろうか。猛暑の中で愚考する次第である。

（2017年8月14日）

10－4　政治や文化～高等教育研究課題の別の視点を見て

台風接近の中での大会に

２０１７年10月21日と22日、一橋大学で開催された日本教育社会学会大会に出た。超大型台風21号の接近の中での開催であったが、３００名を超える参加者（山本推計）があり、関係者の熱意の高さが伝わるような大会であった。この学会は我が国の教育学関係の諸学会の中でも、最もメジャーな学会の一つであり、日本高等教育学会ができる以前、高等教育研究者の研究発表に多くの機会を与え続けてくれた学会でもある。いわば日本高等教育学会発足の母体となった学会であり、現在でもこの二つの学会に加入している研究者は多い。そのようなわけで、今回の大会でも高等教育に関する研究発表は全部で29に分けて設定された部会の中で、大学生、高等教育制度、大学生とキャリア形成、大学教育の効用など高等教育だとはっきり分かるものも多く、そのほかさまざまな部会で研究発表が行われた。ただ、私はそのような高等教育に特化した部会ではなく、それ以外の話題も含めて何か別の観点から高等教育に関係ありそうな部会を探して出席してみた。その中で「教育と政治」、「メディアと文化」という二つの部会での議論について、高等教育研究課題という観点から眺めてみたい。

まず「教育と政治」の部会についてである。はからずも司会者も述べていたように、政治的な問題を敢えて避けて、客観的に見える数量分析によってスマートな分析を競うのが近年の教育社会学会の発表の傾向であると私も思っていたところ、このようなマイナーともいえる部会に、教室が一杯になるほどの聴衆が集り、活発な意見交換がなされたところに、何か新しい傾向を感じたものである。

今の大学生は、政治に関心を持たないと言われて久しい。戦後間もなくから高度経済成長期にかけては、我が国でもかなり大規模かつ政治的色彩の濃厚な学生運動がしばしば世の中を揺るがしたことがあったが、昭和40年代の大学紛争時を境に、そのうねりは急速に収まり、今に至っている。大学教育の大衆化に伴う学生の多様化や、少子化による学生確保の困難が増す中、学生は大学運営の主体であるべきという考えよりも、学生は顧客であって大学によるサービスの受け手であるという考え方が優勢である。政策の対応も、かつて厚生補導と呼ばれていた時代は、いかに学生運動が過激化することを防止するかに重点があって、ヨーロッパにおいては今日においても学生代表が大学経営に参画するのは常識であるのに対して、学生を大学運営の意思決定からどのように遠ざけるかが関心事であったように思う。２０００年に文部科学省が公表したいわゆる「廣中レポート」（大学における学生生活の充実方策について）においても、学生の立場に立った大学づくりを表明してはいるものの、例えば大学の管理運営への学生の参画については、「このような制度を現時点において我が国の大学に取り入れることはこれまでの経緯や現在の大学の意思決定システムとの整合性に配慮する必要があり慎重に検討すべきものと考えられる」と極めて抑制的な態度をとっている。

主権者教育の難しさ

また、２０１５年の公職選挙法の改正によって、これまで20歳以上の国民が対象であった選挙権が18歳以上の者に与えられるように改められ、国民の政治活動の究極の典型と思われる投票という行動に、大学生や高校生の一部が参加できることになった。これまで抑制的であった学生・生徒の政治活動について、教育課程や学校運営という観点からも新たな対応が求められている。しかしながら、例えば主権者教育という話題一つをとってみても、混乱が続いているようだ。

例えば、部会でも取り上げられた総務省・文科省作成の冊子「私たちが拓く日本の未来～有権者として求められる力を身につけるために」においては、選挙権年齢の引き下げに伴い「学校においては政治的教養をはぐくむ教育を一層推進することが求められる」と書かれているが、学校の政治的中立性確保や公務員たる公立学校の教員の政治活動禁止の制約の中で、いかなる教育を行うべきかについて、なお現場レベルでは試行錯誤が続いているようである。

この部会では四つの発表があった。偶然か意図的か知らぬが、学校段階別に発表がそろえられていて興味深いものがあった。第一は京都教育大学の村上登司文氏による「過去20年間における中学生の平和意識の変化」であり、発表者が対象中学校の協力を得て行った3回のアンケート調査結果からみた中学生の意識変化の分析であった。第二は群馬県立大泉高等学校の大澤幸信氏の「主権者教育を生徒はいかに受け止めたか」であり、県内のある高校における教育実践とその効果について分析したものであった。第三は首都大学東京の西島央氏の「国立大学生の政治参加と子ども時代の政治的社会化過程」であり、中学校時代の生徒会活動への関与の違いが学生の政治参加意識に影響を与えていることを分析・検証したものであった。さらに第四は東北大学の羽田貴史氏による「現代世界における学問の自由の課題」であり、日本・ドイツ・アメリカの相互比較を交えつつ、世界の各地で大学の教育・研究に対する学内外からの攻撃があって、世界的に学問の自由が危機にあることが報告された。我が国でもそのような事実が散見される中、見過ごせない課題の一つであると感じた。

これら四つの発表を聞いて、大学であれその他の学校であれ、これらが現実社会の中に位置付いている以上、政治と無関係ではあり得ないこと、そして教育基本法にいう「良識ある公民として必要な政治的教養は教育上尊重されなければならない」との趣旨を実現するためには、学校教育における政治教育へのアプローチに格段の工夫が必要だと感じた次第である。

教養としての英語

次に「メディアと文化」という部会を覗いたところ、京都大学大学院の藤村達也氏による「受験英語という教養主義」という興味あるタイトルの発表があった。内容は、高等教育大衆化以降の大学受験予備校の歴史と文化を、教養主義との関連で考察しようとするもので、ある予備校における英語教育の中に、入試対策に拘らない深い内容の授業を行う講師や英文の構造を分析することに主眼を置いた授業をする「構文派」の講師がいて、その予備校の生徒の人気を博していたという。いずれのスタイルの授業も、単なる受験対策を超えた内容を持っていたようで、例えば東大入試の前日にある予備校講師の「最終講義」があって多数の生徒が出席したとのエピソードも添えられていた。考えてみれば、読み書きを中心とした我が国の英語教育の伝統は、たとえ受験英語であっても、予備校段階では非常に高いレベルに達していたのではないか。これが多くの大学卒業者の基礎的英語力を支えてきたようで、国内での常識とは相反し、国際的には日本人の英語力は文法や読解を中心に高いものがあると一定の評価を得る源泉となっている。聞く話すが中心の昨今の高校英語教育が、文書の読み書きが重視されるネットの時代やグローバルビジネスの時代に果たして適合的であるのかどうか、私には大いに疑問である。以上のように、ちょっと変わった内容の部会に出席することによって、高等教育研究の新たなヒントを得られたことが、今回の大会参加の一つの収穫であった。（２０１７年11月13日）

10—5 大学の合併・統合・廃止
～時代背景から見えるもの

国立大学法人の経営統合

　近頃、大学経営に関わる話で注目を集めているものの一つに、国立大学法人の経営統合の話しがある。例えば名古屋大学と岐阜大学、北海道にある国立大学法人のうち小樽商科大学など三つの法人、などが挙げられよう。いずれも、国立大学法人の財政逼迫への対処や経営の効率化をめざす大学改革の動きと考えられるが、その背景には文科省（中教審）が打ち出している「大学等連携推進法人（仮称）」、「国立大学の一法人複数大学制」、「私立大学の学部単位等での事業譲渡の円滑化」等の提言があることは間違いあるまい。これらは、各大学の強みを活かす方策として位置づけられてはいるものの、その本音は、財務逼迫への対処など差し迫った経営上の諸問題の解決策を模索しようとするものと思われる。

　もっとも、私見を述べるなら、統合などで複雑になる管理・運営体制を円滑に動かすのはなかなか容易なこととは思えず、管理職ポストの増加や手続の複雑化などで、かえって迅速な意思決定の妨げになるかもしれない。また、迅速化を急げば、個々の学問分野の様々な事情の配慮が行き届かないため、部局や研究室のレベルでは期待よりも不満が高まる心配もある。すでにいくつかの案件は、マスコミ情報によれば進展中とのことであるが、関係者や政策当局の慎重な考慮が必要ではないかと思う。

　さて、今年はいわゆる新制大学すなわち現在の大学制度の骨格が昭和24（１９４９）年に創られてから70年目に当たる。その間、大学数は増加の一途をたどっているが、増加の陰には幾つかの大学の合併や廃止の歴史があることを忘れてはならない。そのような歴史を辿ることは、将来の適切な意思決定に向けて必要な作業である。ここでは、永らく（財）文教協会が刊行を手がけてきた「全国大学一覧」によってその小史を振り返ってみることにしたい。ちなみに、文教協会は昨年のいわゆる天下り問題の余波をうけて解散し、全国大学一覧の続刊が危ぶまれていて、これを大学運営の必携として重用してきた多くの大学関係者が心配していたが、文科省が編集を引き継ぎ、このほどようやく（株）地域科学研究会から刊行されるに至った。大学界の共通情報インフラだと私は考えているので、引き続き安定的な刊行を望みたい。

合併・廃止の歴史を辿る

この全国大学一覧には、付録に大学に関する統計などの資料がついているが、その一つに「合併及び廃止大学」（第15表）というものがある。これには現在に至るまでの国公私立大学の合併や閉学校リストが記載されている。これを年代別・設置者別に、整理して件数を表したものが、今回の**図表**である。なお、全国大学一覧には、近年注目の私立大学の公立大学化の数は含まれていないので、これ

図表　新制大学（1949以降）の合併・廃止等の件数

設置者	形態	～1960	1961～70	1971～80	1981～90	1990～00	2001～10	2011～
国立	合併・統合						14	
	その他			1				
公立	国立移管	7	5	1				
	合併・統合	1			1		6	
	その他		1					
私立	公立移管						3	7
	合併・統合	2		1			3	1
	廃止	2					1	9

（出典）文科省「全国大学一覧」（平成29年度版）および山本眞一調査
（注）大学の名称変更や改組のみの場合は含まない。

については私が別資料に当たって追加した。これらを見ると、年代別に特徴があることが見て取れる。1960（昭和35）年までの、新制大学の成立・発展期においては、かなりの数の公立大学が国立に移管している。その多くは制度発足の1949年までに、当該新制国立大学を構成する高等教育機関とは決められず、積み残しがあったものであろうかと思われる。一々の経緯についてここに記載する余裕はないが、興味ある方々は戦後大学史の専門書を読まれるとよいであろう。全国大学一覧には、国立大学では1951年に静岡大学農学部となった旧静岡農科大学（静岡県立）、1952年に岐阜大学工学部になった旧岐阜県立大学などの名前が挙がっている。また私立大学では1952年に日本大学農獣医学部に合併された旧東京獣医畜産大学などの名前が見える。

公立大学から国立大学への移管の動きは、1960年代にも続き、1964年に神戸大学医学部になった旧神戸医科大学（兵庫県立）や1965年に島根大学農学部となった旧島根農科大学（島根県立）などの名前が挙がっている。この時期の国立移管の動機としては、戦後期のさまざまな経緯による積み残しのほか、当時の国立大学は現在に比べて財政・人員などの点で公立大学よりも恵まれていたため、国立大学への移管を望む声が大きかったものと思われる。

その後は大学教育の大衆化の流れの中で、大学教育機会の拡張が大きな関心事となったこともあってか、1970年代から90年代にかけては、大学の合併・統合の動きは低調となった。ほぼ唯一に近い例外は、1973年に新構想大学として設立された国立の筑波大学とその母体となった東京教育大学の廃止であった。他にも医科大学、教育大学、技術科学大学など多くの新構想国立大学がこの時期に新設されたが、そのすべては母体となる大学等をもたない純増設であって、この時期の政府の財政支出が高等教育に多く振り向けられていたことが窺える。

今世紀に入り状況が一変

状況が一変したのは、世紀が変わった2000年代になってからである。2004年の国立大学法人化の前後に、同一県内に従来からあった国立大学と新設された国立の医科大学が統合するケースが相次いだ。統合による運営上のメリットを考えてのことであったであろうが、そもそも法人化が行財政改革の手段であったことを考えると、統合による国立大学数の減少が、世間の大きなアピールとなることを見越した動きであったことも否定はできない。また、公立大学においても統合の動きが活発化した。東京都立大学が、他の都立の2大学とともに新設の首都大学東京に統合されたのは2004年のことで、当時の都政を巡るさまざまな政治のぶつかり合いの中で大学改革が進められたことを、今さらのように思い出す。また、同年には広島県内にある三つの県立大学（広島女子大学、広島県立大学および広島県立保健福祉大学）が統合されて、県立広島大学となった。私はたまたまこれに準備委員会の段階から委員として参画し、また大学発足後は数年間非常勤理事を務めたこともあって、その後の動きには今でも注目している大学である。

一方、私立大学の方では、18歳人口の減少にもかかわらず大学数や入学定員の拡張が続いたため、定員割れなど経営困難を来す大学もあって、全国大学一覧の数値によると、現時点（2017）までに9校が廃止、またより安定的な経営を狙って2018年までに10校が公立大学へその経営形態を変更した。また私立の方でも共立薬科大学の慶応義塾大学への合併（2008）など、大手私立大学の経営戦略とも相まって活発化しつつある。

今後の動きについて予断は許されないが、客観的な状況を見ると、18歳人口の確実な減少、学生の実学志向の強まり、国の財政緊縮の進行、大手私学に対する厳格な定員管理、東京都区部における定員増の10年間禁止など、大学の経営環境はますます厳しくなり、これに対応するためには、少しでも大学の体力を向上させなければ、大学の健全な生き残りはますます困難になるものと思われる。

合併・統合を自己目的にするような大学改革は願い下げであるが、これを手段として如何に活用するかは、引き続き関心をもって見守ってまいりたい。

（２０１８年６月11日）

10―6　夏休み前の授業はいつまで？
～単位制度運用の再考を

暑さ増す東京

私は生まれてから高校を卒業するまで、大阪府高槻市というところで育った。大阪平野の北東端にあって、山崎の天王山を過ぎればすぐに京都府である。夏は非常に暑く、当時でも摂氏36～37度になる日が数日はあったように覚えている。エアコンなどは、我が家を含め庶民の家庭には無縁の時代である。そのこともあって、高校卒業後に東京の大学に入学したとき、東京は大阪よりも涼しいという印象をもった。**図表1**にあるように、真夏でも30度を超える日は少なく、どんなに高くても32～33度程度ではなかったかと思う。そのためだけではあるまいが、大学最寄りの京王井の頭線の電車内では、真夏の乗客の服装が大阪に比べてきちっとしていて「夏でも若者が革靴を履いている」と、大阪人の私としては驚きとともに、東西文化の違いを身近に感じたものであった。もっともそれは今から50年も前のことである。

その東京の真夏の暑さが、かつての大阪・京都とあまり変わらなくなっている。図表1は過去50年間の7月の「日最高気温の月平均値（℃）」を気象庁のデータに基づき作図したものである。東京と京都を比べると、最近の東京の日最高気温の平均は、50年前の京都とほぼ同じである。京都は50年前に比べてさらに暑くなっている。さらに東京と京都との差は、かつてよりも縮小傾向にあることが、傾向線（一次回帰直線）を引いてみるとよくわかる。このように東京を含め関東地域の夏の暑さは、年々厳しさを増しているようで、今年（2018年）7月23日にはついに埼玉県の越谷で摂氏41・1度という日本最高記録となるレベルにまで至った。東京の青梅でもこの日、40・8度を記録している。このため、熱中症で死亡する児童がいたり、高齢者を中心に病院に搬送後に死亡したりする人が何人も出て、この高温は災害現象と気象庁に言わしめるほどの事態になっている。

さて、大学の話である。読者の皆さんの関係しておられる大学では、夏休み前にいつまで授業をやっておられるだろうか。学士課程教育の実質化や単位制度の厳格な運用が、カリキュラム・ポリシーの原則に据えられて以来、ほとんどの大学では15週間の授業期間とそれに続く1週間程度の補習や試験期間を設けており、仮に4月早々に入学式を行い、直ちに授業を開始したとしても、授業は7月半ばを過ぎても終らず、試験期間を入れると8月にずれ込む大学も珍しくない。小学生が夏休みに入ったのに、大学生はまだ授業を受けている、というのは昔の感覚

図表1　東京と京都の7月における日最高気温平均値（℃）の推移

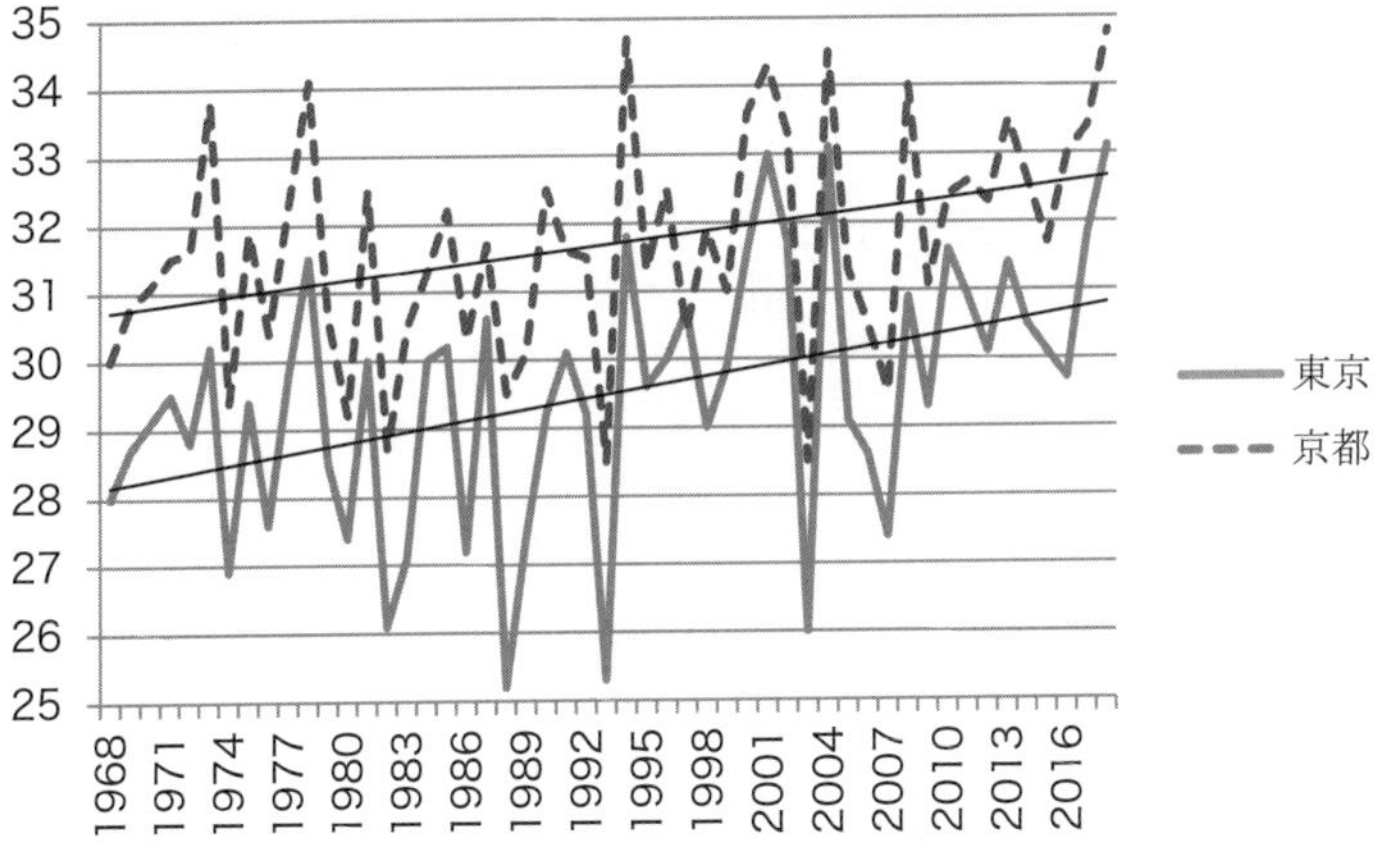

（出典）気象庁データによる山本眞一の作図

では理解しがたい。40度にもなろうという猛暑の中、教室は空調が効いていても、建物外はまさに灼熱地獄、また私が見知った国立大学では、建物内でも廊下などは冷房ではなかったと思うので、とにかく暑い。桜美林大学に来て良かったと思えるのは、教室だけではなく廊下や共通スペースにもちゃんと空調が入っていることだ。おそらく私学ならではのきめ細かな対応なのであろう。

7月半ば過ぎても授業

こういう環境下で授業を強行するのは、教育効果から見て如何なものであろうか。私はそういう疑問もあって、ちょうど一年前、この連載（第４１７号）で「大学教育と単位制～より良い学びの実現のために」という小論を書いた。そこでは、15週にわたる授業が全国一律に運用されているのが硬直的との批判を受けて、文部科学省が２０１３年に大学設置基準を改正し、「教育上必要があり、かつ、十分な教育効果をあげることができると認められる場合には、各大学の創意工夫により、より多様な授業期間の設定を可能とすることとした」ことを取り上げた。これは一見弾力化が進んだような印象を受けるが、「十分な教育効果」が実施の条件になっていることから、相当に抑制的な姿勢である。しかし昨年度あたりから、90分の授業を１００分に延長して、その代わり15週から14週の授業期間に改める大学が出始め、これを私はマイナーな改善と批判的に書いた。しかし、ともかくも夏休みに入る前に授業を終わらせたいというのが大学のホンネであるらしく、次第に実施の広がりを見せようとしている。私がＷｅｂで調べてみたところ、大学によっては1回の授業を１０５分として13週の授業期間を設けているものもあった。だが、これを突き詰めていくと、１２０分の授業をすれば11週または12週の授業期間でも良いことになり、１回当たりの授業がそこまで長くなれば、さすがに教育効果が疑われることになるであろう。そうなると、むしろ10週間授業で6月中に学期を終えることができる三学期制の方が合理的なことは間違いなく、そのことも一年前のこの連載記事に書いた。

図表2をご覧いただきたい。これは、大学数の多い東京と京都における日平均気温の月平均値（２０１７年）をまとめたものだが、東京でも京都でも7月と8月が突出して高温である。ということは、この2カ月の暑さを避ける意味で、ここを休業期間とするのが、学生の体調管理や教育効果を考えれば合理的ということになる。ところが現実には、８月と９月を夏季休業としている大学が圧倒的に多い。学期の途中に夏休みを入れ、試験を９月になってから行うという発想はないのであろうか？

１９６０年代の東京大学（教養学部）では、７月半ばで授業を終えて、その後夏休みに入り、９月の中旬に試験を行っていたという記憶がある。その後、かなり長い「秋休み」があって、二学期は10月下旬になって開始という、今とは全く異なる授業日程が

図表２　東京と京都の日平均気温の月平均値（℃）　2017 年

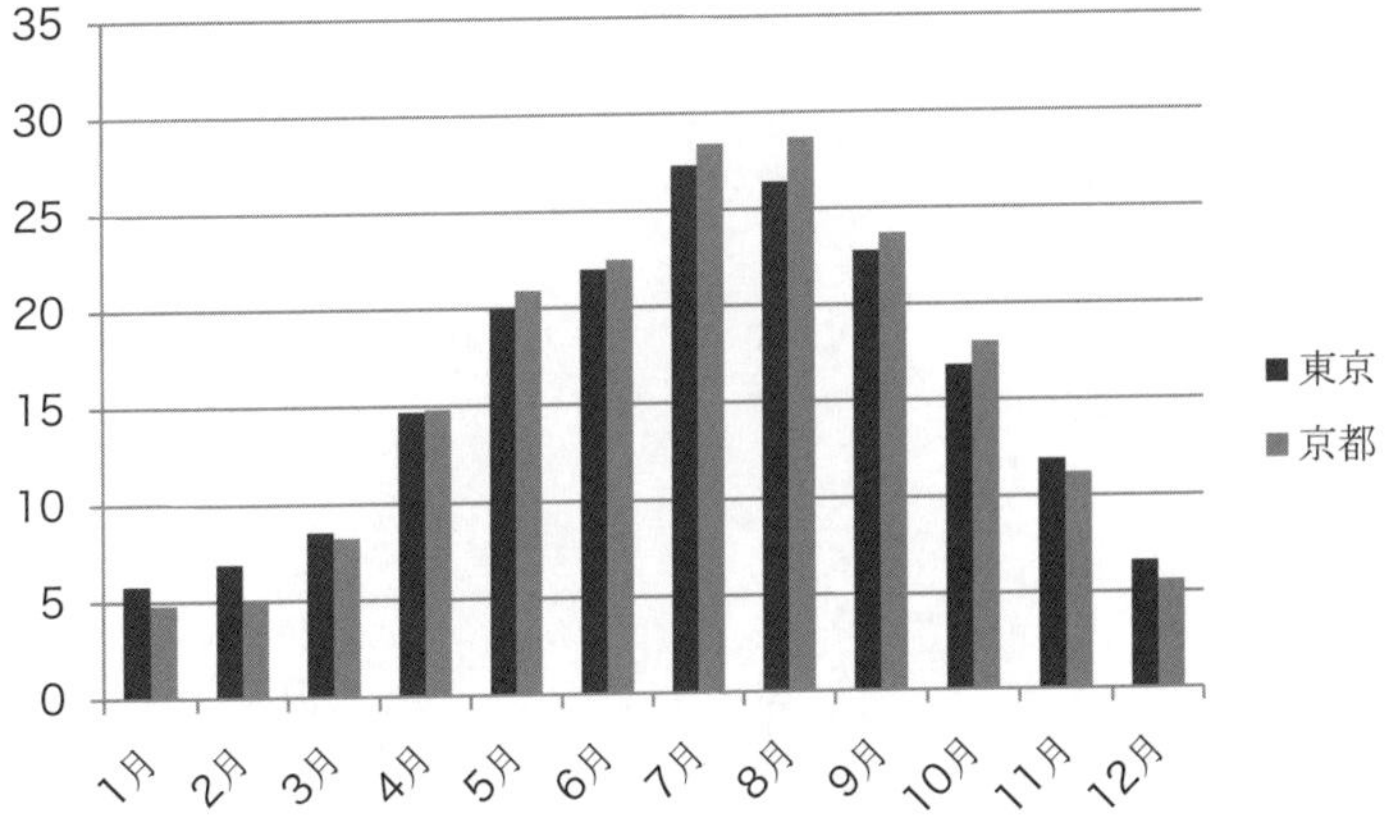

（出典）図表１と同じ

組まれていた。

問題は授業のウエイトにある

そもそもの問題は、単位の計算と授業の占めるウエイトの決め方にある。大学設置基準の規定によれば、一単位の授業科目は45時間の学修を必要とする内容とあり、講義や演習の場合は、15時間から30時間の範囲で授業を行い、残りの時間は学生が予習・復習というかたちで学修することになる。大学が授業というかたちで教育する時間が15時間から30時間の範囲と規定されている以上、少なくとも15時間の授業を行わなければ1単位の履修ができないようなかたちであるが、このことに合理性があるかどうかは、歴史的な経緯以上に実証的な根拠があるわけではない。理屈から言えば、授業のウエイトを15時間未満にまで引き下げたとしても、45時間の学修時間が確保されておれば同じことなのではないか？　また、そもそも実態として45時間の学修時間が確保されていないにもかかわらず、現実には一単位として認定されているとすれば、そもそも45時間という学修時間にさえ、その合理性が疑われる。

実際には、科学的根拠に乏しくても、多くの関係者が常識的と思う範囲で単位数を決めざるを得ないし、それを根拠付ける道具として45時間の学修、15～30時間の授業という制度で運用せざるを得ないのかもしれないが、今年のような猛暑に直面すると何らかの改善策を講じることが必要のように思えてならない。この記事が出る頃には猛暑も一段落していることだろうが、来年に備えて関係者はもっと知恵を絞るべきである。

（２０１８年8月13日）

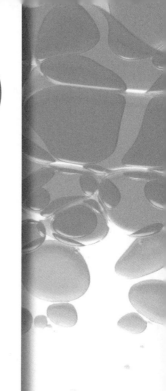

第11章

高等教育の多様化

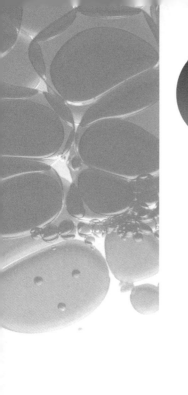

11―1　高等教育機関の多様化は可能か

戦前は多様な高等教育機関が

高等教育研究を志す者にとって、研究のために読み、またしばしば参照しなければならない本は結構多い。あるとき天野郁夫先生が講演会でそのリストを示されたことがあった。これには、クラーク・カーの『大学の効用』（1962、東大出版会）はじめ21冊の図書が載っている。研究者であれば当然読むべき、天野郁夫、潮木守一、喜多村和之など我が国の大先生の本も含まれている。いずれも名著であり、これを読み解くことによって、昨今の激動の中でもぶれない高等教育基本像を、自らの内に確立しなければならない。

ただ、高等教育の研究にせよ実務にせよ、もう少し政策的観点から考察するには、さらに他の文献も渉猟する必要がある。その中の一冊として私が重要だと思うのは、大﨑仁氏の著になる『大学改革1945―1999』（1999、有斐閣）である。著者の大﨑氏は永らく文教行政に携わり、文化庁長官や日本学術振興会理事長などの要職を務められた。この著作の緻密な記述の中に、我々研究者は政策研究として教えられることが多い。

その著作の最初の部分に、井上靖の小説「夏草冬涛」への言及がある。主人公の洪作という少年の目を通して、当時の子どもたちが小学校卒業後さまざまな進路に進み、これを子どもたちが運命であるかのように達観している様子が描かれている。当時は、義務教育である尋常小学校（6年制）を卒業後は、そのまま仕事に就く者、高等小学校（2年制）に進学する者、実業学校に行く者、中学校や高等女学校に進む者などさまざまであった。大学などにつながる中学校進学者は昭和10年代になっても、男子の2割程度であったと言われている。中学校から先は、旧制高等学校や大学予科を経て大学に進む者のほか、工業や商業さらには医学などさまざまな分野の旧制専門学校があり、アカデミックな大学に対して実学的な専門職業教育を施していた。

このようにして、戦前の高等教育は多様であった。図表ではその姿を1935（昭和10）年と現在との対比で表現してみた。1935年時点では、大学の数は45、在学者数は7万人余であって、現在に比べて学校数では6パーセント、在学者数ではわずか3パーセントであった。当時の大学は3年制であったから、多少割り引いて考えなければならないが。その中で、国立大学の占める割合は現在に比べてかなり高く、その国立大学18校は、帝国大学7と医科大学を含む11の官立大学ということで、現在まで事実上使われている国立大学の歴史的経緯による分類における数と、ぴたりと符合する。戦後、一県一大学の方針で各種の高等教育機関を統合して生まれたその他の国立大学は、大衆化以後に新たに生まれた新構想大学は別として、その前身の多くが旧制専門学校であり、また1943（昭和18）年に高等教育機関扱いになった師範学校であった。

戦後の一元化と再多様化の動き

戦後、これらの多様な旧制高等教育機関は、大改革の末に、帝国大学や官立大学も含め、「新制大学」として一元化された。ただ国立大学は、戦前からの歴史的経緯から一県一大学の原則に拠りがたいケースも生じたのであろうか、東京や京都・大阪以外でも、県に二つ以上の国立大学が存在するのは、役割分担や格差意識の名残として興味深い。

戦後の最も大きな特色は、私学セクターの急成長である。私学の多くは戦後に設立されたが、戦前に経緯を発するものであっても実業学校等の中等教育学校や専門学校から出発し、戦後も継続した末に高等教育機関となったものも多く、それらが戦後の高等教育の成長を支えてきた。図表にあるように、現在私立学校は、大学や短期大学そして専門学校の多くを占め、在学者数においてはそれこそ大半を占める。図表では一緒にしてあるので区別できないが、わずかに高等専門学校のみが

図表　戦前（1935年）と現在（2014年）の高等教育

1935 年		旧制大学	旧制高等学校	旧制専門学校	大学の割合（%）
学校数	合計	45	32	177	17.7
	国立	18	25	52	18.9
	公立	2	3	11	12.5
	私立	25	4	114	17.5
在学者数	合計	71,607	17,898	96,929	38.4
	国立	28,199	13,641	24,330	42.6
	公立	1,448	2,060	3,722	20.0
	私立	41,960	2,197	68,877	37.1

2014 年		大学	短期大学・高等専門学校	専門学校	大学の割合（%）
学校数	合計	781	409	2,814	19.5
	国立	86	51	10	58.5
	公立	92	21	192	30.2
	私立	603	337	2,612	17.0
在学者数	合計	2,855,529	194,211	588,888	78.5
	国立	612,509	51,725	335	92.2
	公立	148,042	11,222	25,697	80.0
	私立	2,094,978	131,264	562,856	75.1

（出典）1935 年は、文部省「我が国の高等教育」（1964）、2014 年は学校基本調査データ、いずれも筆者による編集

（注）戦前は、このほか高等師範学校４校、師範学校 102 校（在学者数約３万人）等があるが、前者は少数、後者は 1943 年まで中等教育機関とされていたので、省いてある。

国立優位となっている。また、現在の高等教育は、戦後、大学制度への一本化が図られたものの、その後、高等専門学校制度の創設（1962）、短期大学制度の恒久化（1964）、専修学校制度の新設（1976）とその中での専門学校の発展などを経て、徐々に役割の多様化が進んでいる。但し、高等教育に占める大学の割合は、在学者数で言えば全体の8割近くであり、戦前よりもはるかに高いシェアを占めている。

現在、議論になっている実践的な職業教育を行う高等教育機関は、まさにこの大学を含めて役割を多様化しようとするものであり、その意味で1963年および1971年の中教審答申において提唱された「種別化」論議が、新たな状況変化の中で、再登場しているのではないかと考えられる。戦前多くの学校数と在学生数を占めていた旧制専門学校は「高等ノ学術技芸ヲ教授スル学校」（専門学校令）とされ、「国家ニ須要ナル学術ノ理論及応用ヲ教授シ並其ノ蘊奥ヲ攻究スルヲ以テ目的」（大学令）とされていた大学とは異なる役割を与えられていたことを考えると、国立大学のミッションの再定義の動きや、私立大学も含めた実践的な職業教育への要請の背景に、このような二元的あるいは多元的な役割分担の考え方が潜んでいるのではないかと推察される。

多様化は不可避、だがメリットは

では、今後、大学の役割分担あるいは多様化は進むであろうか。結論から先に言えば、反対論は根強いものの、進まざるを得ないのではないかと考えられる。それは、ただ単に政府の政策誘導のみによるわけではなく、マス化を経て進学率だけで言えばユニバーサル化に突入した我が国の高等教育そのものの性質からも、そのようにならざるを得ないのではなかろうか。我が国の高等教育は、もっぱら若者を相手に成長を続け今日に至っているので、必ずしもマーチン・トロウの理論が適合するわけではない。しかし、彼の諸論文を一冊の本にしたといわれる『高学歴社会の大学』（天野・喜多村訳、1976、東大出版会）によれば、エリート型高等教育における大学の主要機能が「エリート・支配階級の精神や性格の形成」とあるのに対し、ユニバーサル型においては「産業社会に適応しうる全国民の育成」とある。このように、たとえ若者だけを対象とした場合でも、学生層の多様化が進めば、高等教育の役割に産業の変化に応じた職業教育がますます求められると考える方が正しいであろう。

もちろん、職業教育に特化した教育機関はもはや大学とは言えないのだ、という議論もありうる。しかし、国公私立を通じ、大学の仲間にとどまることによって得られるメリットは依然として大きそうである。高尚だが実務に直接には役立たない学問をするのと、平凡だが実務に役立ちそうな職業教育を受けるのとで、どちらが学生にとってメリットが大きいか、これは教育と職業との関係が未だ明確に究明されていない現時点で判断することは困難であるが、現在進行中の中教審での議論も含めて、やがて明らかにされなければならないことがらなのである。

（2015年7月27日）

11―2　科研費データが語るもの
～大学別配分状況から分かること

科研費は必要不可欠の研究費

科学研究費補助金（科研費）は、大学の教員にとって最も汎用性があり、かつ使い勝手の良い外部資金研究費である。予算も年々増額が図られ、昭和40年度にはわずか34億円に過ぎなかったものが、平成8年度には1000億円、平成13年度には1500億円を突破し、現在では2300億円にまで及んでいる。同時にさまざまな制度改革も行われ、とりわけ平成23年度の「基金化」により、研究費の前倒使用や次年度への繰越使用ができるようになり、またそれ以前から一定の金額内であれば費目（物品費、旅費、人件費など）の変更も容易であったし、間接経費の制度が平成13年度に導入されて以来、研究者に配分される研究費のほか、その30パーセント分が上乗せされて大学に配分されるなど、研究活動の活性化が大学の財政を圧迫しないような仕組みも整備されてきた。

皆さんの中には、他省庁を含め、一般的な補助金や予算を使用された方もおられるであろうが、それらの多くは年度の途中で、極端な場合には年度末間近になって交付決定がなされ、大急ぎで研究活動とその経理処理をしなければならなかった経験がおありではないだろうか。科研費の不正使用がたびたび話題になり、政策当局や大学、そして研究者自身も心を痛めているが、緊張感をもってこの研究費を使えば、自由な発想による研究を大きく推進できることは間違いない。

言うまでもないことながら、大学は教育と研究の場であり、そこで働く教員も教師であると同時に優れた研究者であることが要請される。伝統を有する大学においてはなおさらである。このことは、大学の教員人事においては、学位の有無と並んで優れた研究業績の多寡が重要な評価基準になっていることからも分かる。そして、研究活動を活発に行うには、資源つまりヒト・モノ・カネが必要で、ヒトとモノはカネで賄えることが多いので、つまるところは研究費が必要ということになる。

グラフと数字で分かる不均等配分

だいぶ前のことであるが、私たちのグループで全国の大学における研究者一人当たりの年間研究費使用状況（２００１～２００４年度）を調べたところ、人文・社会系で中央値が１１０～１２０万円、理工系で４００～５２０万円、医歯薬系では９２５万円という結果が出た（本誌第１５１号、２００６年7月10日参照）。これだけの研究費を、いわゆる講座研究費（校費）だけで賄うのは不可能であり、何らかの外部資金が必要である。理工系や医歯薬系なら企業からの寄付金や共同研究費も見込めるであろうが、人文・社会系では科研費がその大半を占めるであろう。一体、科研費の配分状況は、現在どのようになっているのであろうか。

以上のような問題意識をもって、日本学術振興会が公表している機関別科研費配分額を元に、四年制大学における平成25年度の科研費配分額（継続＋新規、直接経費のみ）を配分額にしたがって並べ、少ない方から順番に配分額を累積してグラフ化してみた。**図表1**がそれで、科研費を1件以上配分されている７２５の国公私立大学を右から左へと順に並べ、最後は左端にある東京大学までの累積配分額を示してある。ちなみに、その累積配分額はおよそ１４００億円である。なお、大学の規模や専門分野の相違は考慮していないので、念のため。図表中にいくつかの大学が並んでいるが、これは作表の際にエクセルが等間隔で大学名を表示したもので、他意はない。但し、読者の皆さんの参考に供するため、配分額の順位を数字で示してある。例えば、立命館大学は23位、桜美林大学は２２１位という具合であり、最下位の７２５位の大学は表示されていない。

この累積額を表す曲線は、いわゆるローレンツ曲線と呼ばれるもので、すべての大学が均等に配分を受けたならば得られるであろう累積曲線は図表中で示された直線であり、この直線とローレンツ曲線とによって示された面積の割合、すなわちAをA＋Bで除した値が、資源配分の不均等性を表すジニ係数というものである。ジニ係数は、０から１の間の値をとり、１に近づくほど、つまりAの面積が大きいほど、不均等性が高いとされる。我が国

図表１　科研費配分額（継続＋新規　平成25年度・直接経費）の累積分布

（単位百万円）

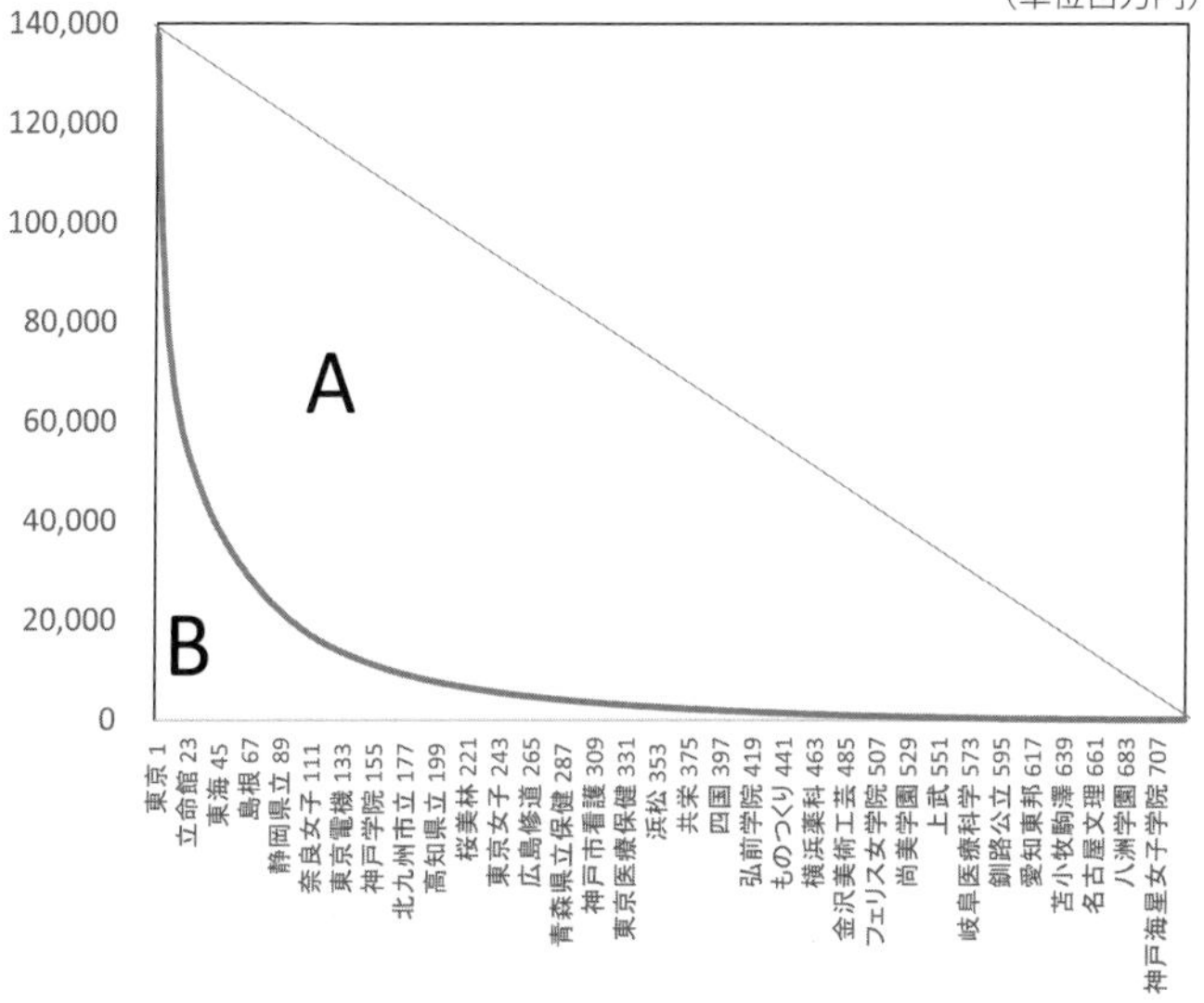

（出典）日本学術振興会公表データによる筆者の作図

でも、所得分配の状況を説明する際にこのジニ係数が使われ、Ｗｅｂ百科事典であるウィキペディアによると、２０１１年のジニ係数は０・５５３６であるとされている。

大学の多様化は科研費にも

さて、図表１の場合のジニ係数を計算すると、０・８７１という値が得られた。これは我が国の所得分配に係るジニ係数に比べて相当高い値である。つまり、各大学に配分される科研費の額は、特定の大学に著しく偏っているということである。実際、図表１から見てとれるように、トップの東京大学から23位の立命館大学までの累積配分額は全体の６割を超えるという多額である。かつての遠山プランでいうトップ30大学にまで拡大すると、これがほぼ３分の２ということになるのでご参考までに。

ただし設置者別に分類すると、このジニ係数は少し下がってくる。**図表２**に示すように、国立大学においてはトップの東京大学が突出しているように見えるが、全国

図表２　設置者別・大学別科研費配分額（継続＋新規　平成25年度・直接経費）上位10校

（単位千円）

	国立		公立		私立	
1	東京大学	15,292,593	首都大学東京	835,253	慶應義塾大学	2,486,300
2	京都大学	9,906,403	大阪市立大学	814,800	早稲田大学	1,965,000
3	大阪大学	8,094,850	大阪府立大学	791,200	立命館大学	888,300
4	東北大学	7,369,450	横浜市立大学	732,300	日本大学	797,500
5	九州大学	5,409,762	名古屋市立大学	590,400	東京理科大学	708,500
6	名古屋大学	5,217,800	京都府立医科大学	507,200	順天堂大学	587,600
7	北海道大学	4,615,600	兵庫県立大学	464,100	東海大学	536,100
8	東京工業大学	3,445,600	札幌医科大学	321,700	近畿大学	517,600
9	筑波大学	2,929,800	和歌山県立医科大	270,300	北里大学	488,300
10	広島大学	2,355,010	奈良県立医科大学	259,400	同志社大学	452,500
ジニ係数	0.699		0.707		0.773	

（出典）図表１に同じ。ジニ係数は、設置者別大学の全体累積分布に基づくものである。

立大学を対象にジニ係数を算出すると0・699で、全体の場合よりかなり低く、また公立や私立大学のそれぞれ0・707、0・773に比べても低い。おそらく、国立大学では中位・下位の大学にまで相当額の配分があり、つまりは多くの国立大学は競争的環境の中、それぞれが努力して研究大学たらんと努めているからではないだろうか。

この点、私立大学はジニ係数が相対的に高く、また現実にも採択件数・配分額が僅かにとどまる大学が多い。また、科研費が一件も採択・配分されていない私立大学も数十校に上る。かつて国立大学から私立大学に移った同僚が、その大学ではそもそも科研費の事務体制がないのだと不満を漏らしていたことを思いだす。大学の多様化・種別化は、科研費の配分状況を見るだけでも、その一端を覗かせているのではないだろうか。

（2015年10月12日）

11―3　世界大学ランキングとその問題

昨年と大きく異なる結果が

先月、いくつかの「世界大学ランキング」が発表された。その中で、タイムズ・ハイヤー・エデュケーション（THE）の結果によると、東京大学は昨年の23位から今年は43位へと順位を大きく下げ、アジア地域においても昨年の首位から今年は3位に転落した。また昨年59位の京都大学が88位に後退、これ以外に昨年は200位以内に入った東京工業大学、大阪大学、東北大学は、すべて圏外に落ちた。ちなみに、ランキング1位は米国のカリフォルニア工科大学、2位は英国のオックスフォード大学、3位は米国のスタンフォード大学で、上位10校中9校が英米の大学で占められているという。また、アジアでは東大に代わってシンガポール国立大学が第1位、北京大学が第2位であったそうだ。

この結果をどう受け止めるかについては、置かれた立場によって大きく異なるであろうが、東京大学や京都大学の関係者はさぞかし落胆しているかも知れず、また政策当局も先年教育再生実行会議で「国際共同研究等の充実を図り、今後10年間で世界大学ランキングトップ100に10校以上をランクインさせるなど国際的存在感を高める」と大見得を切ったばかりであるから、この結果に無関心ではいられないであろう。しかし、後述するように、この世界大学ランキングには大きな問題があると思うので、これを機会にランキング・ブームを冷静に見直すことも必要だと考える。

さて、世の中の様々な事象がどういう要因によって生じているのかを推測する統計的手法の一つに、重回帰分析がある。この手法は、あるデータを他の複数のデータによって予測ないし関係づけるもので、私の素人説明で恐縮ではあるが、事象 y に影響を与えると思われる n 種類の変数すなわち x_1 ～ x_n を考え、この関係を $y=a_1x_1+\cdots+a_nx_n+b$ とおいて（b は定数項）、さまざまな y と x_1 ～ x_n の値を観測する。そして、これらに一番当てはまりのよい係数 a_1 ～ a_n を算出し、所要の統計的検定も行った上で、事象 y の予測や説明に使おうというものである。この場合、y は目的変数、x_1 ～ x_n は説明変数と呼ばれている。私は、今から30数年前、人事院から派遣されて筑波大学大学院で勉強していたとき、大型コンピュータに組み込まれたＳＰＳＳというプログラムでこの重回帰分析の手法と実際を学ばされ、かつ苦労したことを今でも覚えている。データを手入力して、都道府県別の大学進学希望率の差異を説明するモデル作りとその分析に半年余りを費やしたのは、楽しくかつ苦い思い出になっている。今は、パソコンのソフトでもっと簡単に計算だけはできるようになっているのは、ありがたい。

一次元的点数判断の合理性は？

然らばこれを大学ランキングの予測や関係に当てはめることができるであろうか？　つまり、y を大学ランキングの総合スコア、x_1 ～ x_n を大学の教育環境やピアレビュー、論文引用数などのスコア、a_1 ～ a_n をそれらの重み付けと考えるのである。すると、x_1 ～ x_n を知ることによって、機械的に y の値を求めることはできるであろう。しかし、実際の重回帰分析では、$y=a_1x_1+\cdots+a_nx_n+b$ というランキングモデルの構造そのものを知るのが目的であって、したがって、優れた大学とされる値 y は何によって決まるのか、ということが分析の対象になる。そのためには、x_1 ～ x_n の値だけではなく、y の値つまり当該大学がどの程度優れているのか、という点数も観測可能でなければならない。ところが、現実の大学ランキングの策定過程は、これと全く逆方向であって、まずモデルの構造が決められて、それによって総合スコアyが自動的に決まるということになる。ある意味で作為的に作られたモデルであり、あたかも靴下や手袋を裏返しにして見せるようなかたちであって、そのランキングに科学的根拠があるのか、と問いかけをしたくなるのは、私だけの疑問ではあるまい。

その意味で、ランキングは我が国における学力による大学入試のやり方と類似点が多い。合計点数の多寡を問題にする点や、試験科目ごとの配点の内訳を決めておくことなど、本当によく似ている。但し、合計点は、受験生の多次元的な能力を、合計点という一次元空間に落とし込むわけで、これにさしたる合理性はない。逆に一次元空間で判断できるのであれば、複数の科目を試験する必要はない、とさえ言えるであろう。ただ、点数に差をつけることによって、合否判定を容易にし、また関係者の不満やクレームから大学の判断を守るという大きな効果があるだけである。大学ランキングは、この点でも大きな問題を抱えていると言えるであろう。やや脱線して恐縮だが、ずっと以前、ある競争的資金によるプログラムの審査の折、点数を決めるのに苦労したことがあった。科学のバックグランドのある審査委員たちが如何に応募大学の点数に差をつけることが困難かを主張する中、法学部出身の審査委員が、明確に差のある点数をつけることによって、説得力が増し関係者が納得するのだと主張し、私自身もその行政的センスの良さにある意味で感動を覚えたことがあった。

我が国も大いに主張を

このようにして総合点数の多寡が問題となる中で、ランキングが1年で大きく変わるということだけを見ても、このランキング指標が極めて安定性を欠いていて、それだけでも信頼性が低いことが危惧される。しかしそう言うと、今度は上位校の顔ぶれは変わらないではないか、との反論が出そうであるが、それらの大学は誰が見ても優れた大学であって、わざわざランキングで比べる必要はないのである。それでも、このランキングがもてはやされるのは、これを何らかのかたちで利用しようともくろむ人たちがいるからであろう。単なる遊びであれば是認もできようが、これを資源配分の判断材料に使ったり、高等教育政策や大学経営の拠り所に使ったりするのは、あまりにも危険なことである。もしも敢えて使おうとするなら、ランキングと関わりなく、せいぜい5段階評価程度の粗い分類で大学を評価するしかない。あるいは朝日新聞出版が毎年公表しているような、事項別に細分した個別ランキングを参考にすればよい。

実際、安倍教育改革の目玉とされる高大接続と入試改革ですら、受験生の多様な能力を丁寧に評価することを求めているのである。昨年12月の中教審答申でも「我が国の社会全体に深く根を張った従来型の「大学入試」や、その背景にある、画一的な一斉試験で正答に関する知識の再生を一点刻みに問い、その結果の点数のみに依拠した選抜を行うことが公平であるとする、「公平性」の観念という桎梏は断ち切らなければならない。」と、その改革の理想を高らかに述べている。どうして大学ランキングだけが、一次元空間に序列づけられた単純な点数比較のままで良いと言えるだろうか？　我が国は、大学数800を数え、短大を入れれば300万人を数える高等教育大国である。留学生数も世界第6位を誇っている。政策担当者や大学は、大学ランキングの非を鳴らして、堂々と問題提起をすべきでる。場合によっては、我が国発の独自のランキングを作って世界に発信するのも、我が国の大学の優れた点を明らかにするとともに、政治的なインパクトがあるかもしれない。いつまでも世界の大勢に順応するだけなら、ましてそれをグローバル化などと呼ばわって真の改革を疎かにするならば、我が国の大学の将来はまことに暗いと言わざるを得ない。なお、ランキングの問題については、本誌第222号（2009年6月22日）にも書いているので、併せて参照いただければ幸いである。

（2015年10月26日）

11—4　最終卒業学校と職業教育
～専門職業大学構想の答申を読んで

英語と職業教科

中学生や高校生が、それぞれの学校で学ぶべき重要な教科は何であろうか？　それは昔から「英数国」と半ば普通名詞のように語られてきたように、英語・数学・国語と相場が決まっている。これらは主要教科とも呼ばれ、現在のように入試事情が大幅に緩和された状況においても、生涯にわたる汎用能力として、すべての生徒がしっかりと学ぶべきものであることは間違いあるまい。とりわけ英語は真っ先に呼称されているのだから、その重要性は推して知るべしである。

ただ、学校教育法体系の中での教科の並び順は全く別であり、まずは国語から始まり、社会、数学、理科と続き、英語という名称は出てこない。それは「外国語」という教科名で末尾に位置づけられているのだ。あたかも、東京大学においては法学部、医学部、工学部……という順序で学部が呼ばれているのに、旧文部省が定めた国立学校設置法体系ではこれとは全く別の順序すなわち官制順に並んでいるかのごとくである。

このことの不思議さを感じたのは、私が１９７４年４月から２年間勤務した文部省初等中等教育局中学校教育課でのことである。当時、１９８１年度実施予定の学習指導要領の改訂に向けて、教育課程審議会が発足し、私はまだ入省3年目の若僧であった。ゆとり教育のために教育内容ばかりでなく、授業時数の削減も行われたため、その削減の対象となった教科関係者の反発は激しく、審議会というところは政策を決める場というよりは利害関係者の調整の場であると感じたのも、その折のことであった。

同時に不思議に思ったことは、当時の中学校学習指導要領では、英語は「外国語」という教科の中で扱われ、しかも必修科目ではなく選択科目つまり学校毎に教えるか教えないかを選べる科目として位置づけられていたことである。外国語が中学校における必修教科とされるようになったのは、何と２００２年度から実施された前回の学習指導要領の改訂時からである。「英数国」という主要教科のトップに位置づけられている英語がどうして選択科目なのであろうか。その謎を解く鍵は、外国語が、農業、工業、商業、水産などのいわゆる職業教科と組み合わされたかたちで選択教科に位置づけられていたことにあるだろう。

最終卒業学校で必要な教育とは

１９６０年代、70年代の高等学校進学率は、図表に示すように、今のようには高くはなく、１９６０年度では約６割、70年度で約７割というのが全国平均であり、相当多くの生徒が義務教育修了後ただちに就職するという状況であった。このため、職業に必要な知識・技術を身につけさせるための教育が必要だと考えられていて、このような教科が置かれていたのである。ただ、実態としては多くの学校では外国語すなわち英語を選択していたことは確かであって、そのため私はその当時でさえ、いささかの違和感を持ったのである。

このように職業教育が最終卒業学校で必要だという発想が学校教育にあって、学校の教育課程もそのような生徒に対応できるように設計がなされていた。当初は中学校がそれに当たり、後には高等学校がそうであった。もちろん高等学校普通科でも職業教育を行うことは可能であるが、職業教育により重点を置いた学科すなわち当時の用語では職業学科・職業高校と呼ばれる高校が盛んに整備され、1970年頃までは4割を超える高校生がそこで学んでいた。その後、高校進学率が大幅に上昇する中で、中学校学習指導要領から職業教科名が消え、また大学・短大進学率の上昇に伴い、高等学校の職業学科で学ぶ生徒数も大きく減り、現在では全生徒数の2割を割るようになっている。

中学校や高等学校における職業教育の縮小は、それぞれの上級学校への進学者の増加と確かな関係がある。上級学校に進学するには、実践的な職業教育ではなく、アカデミックな性格をもつ汎用的な能力を養成することが、より重要と考えられているからである。高校入試や大学入試にもそのような発想が濃厚に現れている。その論法でいくと、大学で学ぶ学生のごく一部しか大学院に進学しない今の大

図表　高校・大学・大学院進学率（左軸）と高校職業科在学者比率（右軸）の推移

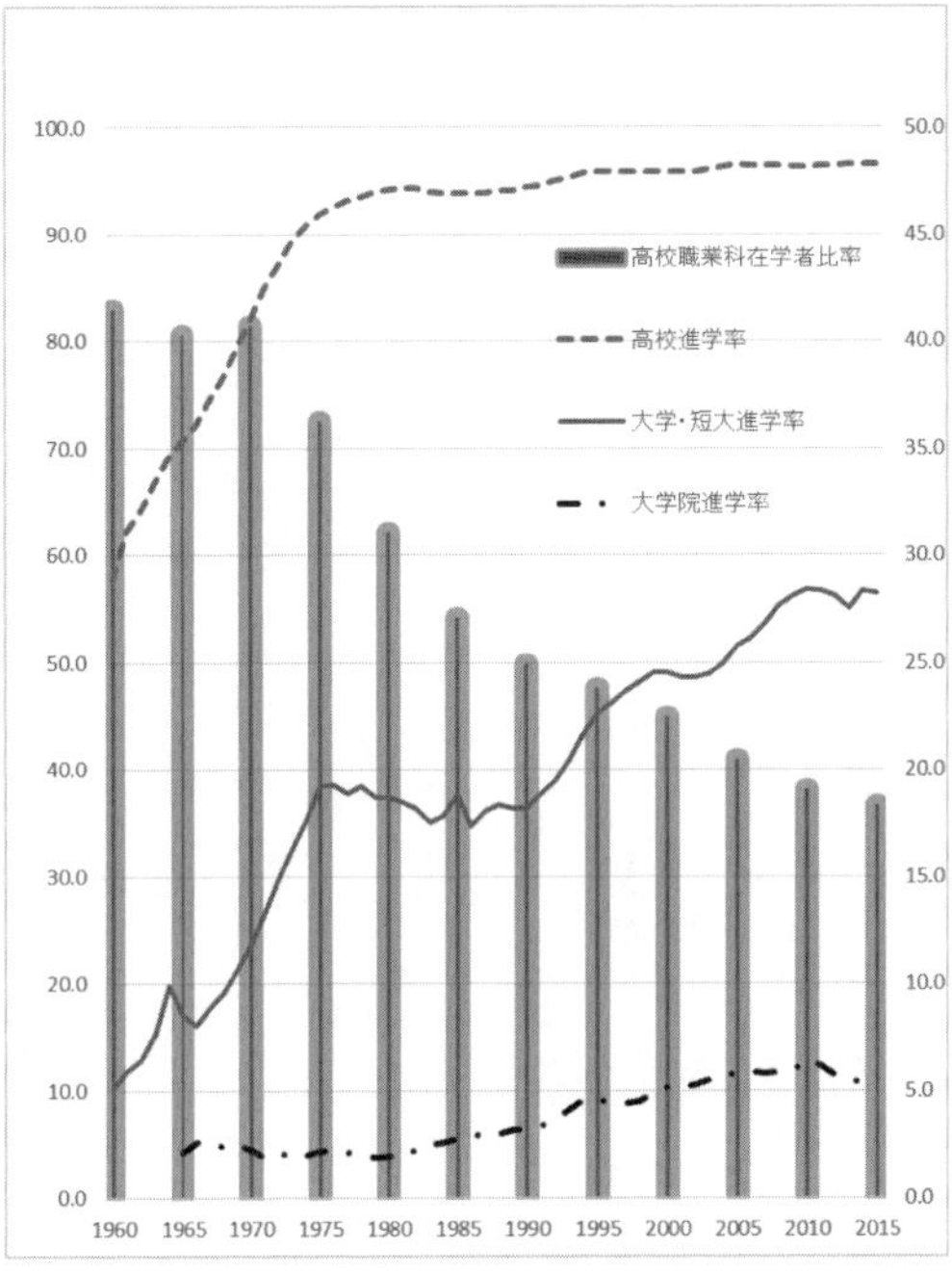

（出典）学校基本調査、目盛りの単位はパーセント

学教育の実情からすれば、そこではより多くの精力を職業教育に費やして何の不思議もないであろう。しかし、大学はあいかわらず教養教育や専門教育の区分に関わらず、当該分野のアカデミックな学問をもって学生を教育することをタテマエとしている。もちろん実態としては、就職に役立つ教育や資格取得に熱心な大学や学生がいることは間違いない。また、医学・医療分野に代表されるように、国家資格取得と大学での教育課程が密接に関連し、学生に高度専門職業教育を施しているところもある。

大学における職業教育の必要性

だが、全学生数のおよそ半分を占める文系を含め、大学院に進学しない大多数の学生に本当に必要な教育すなわち職業教育が大学で提供されているかと問われれば、それは甚だ疑わしいといわざるを得ない。ちょうど中学校や高等学校で、就職志望なのに無理やり進学希望者のクラスに入れられて勉強させられている身にもなってみるとよい。確かに１９６０年代から80年頃にかけては、職業高校への進学がネガティブに捉えられて、就職志望なのに普通科高校を選ぶという傾向があったことは否めない。しかし、普通科の数倍の経費をかけて設置されていた職業科の教育が悪いはずはない。職業高校が改まって専門高校と呼ばれるようになった現在、その種の高校の良さが見直されているのは、そのためであろうと思う。これは大学教育にも当てはめるべきであるのは当然のことである。

先月（２０１6年5月）、中央教育審議会は「個人の能力と可能性を開花させ、全員参加による課題解決社会を実現するための教育の多様化と質保証の在り方について」と題する答申を出した。その表現が大変長いのは、専門職業大学（仮）と生涯学習の二つのテーマを一本の答申にまとめようとしたことと、現政権の打ち出す政策スローガンに対応しようとしたことの二つの理由からであろう。答申の内容については、マスコミや教育評論でさんざんに報道されかつ議論されているから、繰り返しは避けたいと思うが、新設される専門職業大学が、技能と学問の双方の教育にこだわる余り、大学と専門学校の良い点を取り入れることに失敗して中途半端なものに終わることを恐れている。「職業教育が一段低く見られ、大学への進学自体を評価する風潮」があると答申は批判しているが、かといって同格にこだわりすぎることによる弊害にも配慮しなければならない。教育事情に詳しい某氏はフェイスブックで「ポエムなタイトル」と皮肉っていた。ポエムなとは情緒的なという意味であろうが、確かに題名には何となく分かったような気がするという性格が現れている。私はここに大学が学校化する、そしてそこに情緒的なスローガンを与える、すなわち初等中等教育の行政手法が忍び寄っている傾向を感じるのであるが、皆さんはどのようにお考えであろうか。専門職業大学そのものについては、また稿を改めて論じてみたい。

（２０１６年６月27日）

11―5　大学の機能別分化を考える
～現実を見る中で

検討進む大学の将来構想

中教審の将来構想部会での審議が進んでいる。昨年（2017年）3月に「我が国の高等教育に関する将来構想について」と題する諮問を受けて発足したこの部会では、本年3月末までに14回の会合（大学分科会との合同会議を含む）を持ち、諮問理由にある①各高等教育機関の機能の強化に向け早急に取り組むべき方策、②変化への対応や価値の創造等を実現するための学修の質の向上に向けた制度等の在り方、③今後の高等教育全体の規模も視野に入れた地域における質の高い高等教育機会の確保の在り方、④高等教育の改革を支える支援方策の在り方について、精力的な審議が続けられてきたものと思われる。

昨年12月には「今後の高等教育の将来像の提示に向けた論点整理」が示され、そこには18歳人口の減少を踏まえた大学の規模や地域配置などホットな論点も含まれている。さらに今後の検討課題として、2005年の中教審将来構想答申で示された「機能別分化」の考え方について、引き続き検討する必要があるとしたことも注目される。この点について、本年3月の第14回会合で配付された資料「大学の「強み」の強化と連携方策について」の中では、2005年の将来像答申がいう大学の七つの機能すなわち①世界的研究・教育拠点、②高度専門職業人養成、③幅広い職業人養成、④総合的教養教育、⑤特定の専門的分野（芸術、体育等）の教育・研究、⑥地域の生涯学習の拠点、⑦社会貢献機能（地域貢献、産官学連携、国際交流等）の機能を改めて列挙している。その上で、各大学はこれらの中からそれぞれの選択に従い、固定的な種別化ではなく個性・特色の表れとして緩やかに機能別分化していく、という将来像答申の考えを踏襲するとともに、各大学においてはそれぞれが選択する機能とその比重を見直しつつ将来の発展の方向性を考えていくことが必要であるとしている。

議論は半世紀以上前から

ところで、機能別分化の議論は2005年の中教審将来像答申を含め、今に始まった問題ではない。今から数えれば半世紀以上昔の昭和38（1963）年の中教審答申「大学教育の改善について」においても提案されている。その改革提案の理由は「我が国の複雑な社会構造とこれを反映するさまざまな実情に十分な考慮を払うことなく、歴史と伝統を持つ各種の高等教育機関を急速かつ一律に、同じ目的・性格を付与された新制大学に切り換えたことのために、多様な高等教育機関の使命と目的に対応しえない」とその答申自身が述べている点に尽きるであろう。

答申は、高等教育機関には学問研究と職業教育に即して、①高度の学問研究と研究者の養成を主とするもの、②上級の職業人を主とするもの、③職業人の養成および実際生活に必要な高等教育を主とするものという三つの水準があり、それぞれ大学院、学部、短期大学に対応するものだとの認識の上で、高等教育機関を、①大学院大学、②大学、③短期大学、④高等専門学校、⑤芸術大学の五つの種別に分化することを提案している。このうち、短期大学制度の恒久化と高等専門学校制度の創設は実現したものの、大学院を含む大学自体の種別化については、大学関係者だけではなく世論の反対意見も強く、昭和46（1971）年の答申においてもさらなる種別化が提案されたが、これらはいわゆる「中教審路線」として批判の対象となり、その後の進捗は90年代以降、世の中の諸環境の変化まで待たなければならなかったのは、皆さん周知のことであろう。但し、当時の中教審答申の主張は至極もっともであり、かつ現在の中教審で議論されている論点と余り変わりがないことに驚かされる。今の中教審は、社会変化と大学改革推進の追い風とともに、大学の多様化・個性化という名目で、その責任の所在を各大学に預けることにより、注意深く様子を窺っているものと思われる。

観点の不足を補うために

その資料の中で「人材養成の三つの観点（イメージ図）」と題する図表があるのが目についた。この資料は、これが「学習者の目線で考えても」、「各大学が養成する人材像としても」、「国として将来の

図表　想定されるこれからの大学の機能別分化

	世界を牽引する人材養成（高度な教養と専門性）	高い専門性を備えた先導的人材養成	高い実務能力を備えた人材養成	これからの社会を生き抜く力を備えた人材養成
人材像	高い専門性及び・又は俯瞰力や独創力を備えた我が国と世界を牽引する人材	各専門分野において高い価値の創出を先導する人材	地域の産業活性化や個別のニーズに対応できる高い実務能力を備えた人材	社会の現実を理解でき、少なくとも大卒として雇用されうる能力を備えた人材
教育	大学院中心（学部のリベラルアーツと大学院の専門教育の組み合せ）	学部～修士・専門職大学院段階の教育が中心	学部段階の教育（専門職大学を含む）が中心	学部段階の教育が中心だが、専門職大学、短期大学や専門学校も視野
研究	世界的な水準の研究	各分野を先導する研究	立地している地域の課題など個々のニーズに丁寧に応える研究	ノンエリートに対する懇切・効果的な教育内容・方法に関する研究等
大学の名称	研究大学	専門大学	職業大学	職業大学又はこれに代わる名称

（出典）中教審将来構想部会配布資料（本文で言及）をヒントに、山本眞一の追加修正
（注）アンダーラインは山本による追加の主要部分である。大学の名称は、山本の本誌連載記事第351号（2014.11.10）による。

日本を支える人材像を明確にしていく点からも」、わかりやすく有効であると自画自賛気味である。もちろん、私もこの資料と図表の言わんとしていることに反対の意を唱える気持ちはない。ある意味で当然のことであり、むしろ現実を見ないタテマエだけの機能論は破綻寸前ではないかと思うので、ぜひともこの観点に沿ってさらに検討を進めてもらいたいものだと考えている。

しかし何か足りないものがある、という思いもあり、本稿にこのような図表をつけてみた。アンダーラインは私自身の追加修正である。また文章表現は元資料から多少変えたものもあることをご了解いただきたい。その足りないと思われるものは、以下の点である。

(1)世界を牽引する人材にはぜひとも教養教育が必要であること。

元の資料では、世界を牽引する人材ではなく、高い専門性を備えた先導的人材養成にリベラルアーツ教育が入っているが、教養教育が必要なのはいわゆるエリート人材たる世界を牽引する人材の方である。また元資料は、いささか研究者養成に偏り過ぎているようだ。これに加えて政治家・官僚・財界人・芸術家など政治・経済・文化の各方面で世界的に活躍しうる人材も含まれることであろう。その点の考慮が必要と思う。

(2)大学の現実を見ると、いわゆる「ノンエリート」（本誌第398号、2016年10月24日山本連載記事参照）のための教育と人材養成への配慮が必要であること。

審議会の資料であるから、この点は極めて扱いにくいものであることは理解できるが、今日大学生の学力不足、経済的困難、定員割れ大学の増加など、直視せざるを得ない現実がある。このため、人材養成は三つの観点にもう一点加えることが有効ではないか。ここで教育すべきことには、もちろん実務能力の養成も含まれるであろうが、それ以前に大学卒業者として備えておくべきもの、例えば学士力のような基礎的能力の養成に意を用いることが必要ではあるまいか。

いずれにせよ、機能別分化は今後の大学やこれを含む高等教育機関にとって、避けては通れない問題なのである。

（2018年4月23日）

11—6　大学の機能分化にどう備えるか
～多様な大学に異なる政策を

前回（本誌第444号、2018年9月24日）の続きである。前回の論稿では、官邸と文科省、政府と大学、学長と部局という大学システムを政策や経営との関係で考えた場合に重要と思われる関係のいずれもが、近年大きな変調を来たしてきていることを指摘した。そしてその中で採られる高等教育政策には、その目的の達成と同時にさまざまな副作用が生じるであろうことも書いた。終りなき改革とさえ言われるような今日の大学改革は、一体大学に何をもたらすのか？　ヨーロッパでは数百年、我が国でも東京大学（旧制）の創設年である明治10（1877）年から数えて140年の長きにわたる大学という仕組みは果たしてこのまま保持できるのであろうか？

入試政策と定員割れ校

まずは現実から。ここ数年来、入学者の定員割れを起こす大学が高い割合で存在し続けている。大学で全体のおよそ4割、短大では7割に及ぶ。これらの大学は、政府が打ち出す大学入試改革の諸方策とはほぼ無縁であって、せいぜい救いとなるのは入試の多様化政策が進んだおかげで、学力によらない入学者「選抜」（実際には学生による大学「選別」）がおおっぴらにできるということくらいであろう。それも最近は、あまりに学生の学力低下が目立つためであろうか、選抜の際の学力の担保が求められるようになってきている。しかし、学力試験を伴う一般入試であれ、ＡＯ入試や推薦入試であれ、学力の十分な（昔の価値観に基づく）学生を必要な数確保するのは、これらの大学では容易ではないであろう。何より、高等学校教育における生徒の質保証が十分ではないので、学力に問題ある高校卒業者は増え続けていることが原因である。数年前の中教審の資料でも、上位高校の生徒が教室外で相当な時間を学習に充てているのに対し、中堅校以下の生徒は学習に充てる時間が極めて少ないことが知られている。勉強しなくても入学できる大学が多数存在することを、生徒自身が知っているのであろう。いわゆる三つのポリシーの作成・公表が義務化されたとはいえ、アドミッション・ポリシーの無力なことを感じる。

研究重点型大学の事情

一方、科学技術研究の重要性が増し、また高度情報社会やグローバル化の進展により、社会にインパクトを与える研究やさまざまな高度専門人材の養成が急務になっている。研究体制を維持・発展させ社会の付託にも応えられる研究をし、かつグローバルな大学ランキングを上昇させるためにも、研究力の強さが求められ、これが大学経営の大きな柱になっている。とりわけ上位国立大学にとってこのことは切実である。さらに独創性を含め高度な能力をもつ研究者や技術者の養成もこれらの大学にとって最優先の課題の一つである。このための政府の役割は、大学運営の細部に関与するのではなく、大学の自主・自律をサポートする制度作りと十分な研究資源（ヒトとカネ）を配分することが必要である。果たして最近の競争的資金は、これらの目的を達成するのに適当な政策であろうか。改革運動に巻き込まれることは、研究を重要なミッションとする大学でさえ、いわゆる改革疲れの弊害に追い込むことにならないであろうか。

また、大学改革の目玉の一つにガバナンス改革があるが、これも重要な経営判断が教授会の抵抗にあって進まない経営困難校や、定められた教育課程を規則どおりにこなすような職業訓練型の大学では、確かに経営トップの適切な判断が的確に現場に伝わる仕掛けが有効であろう。その意味で、学長のリーダーシップの確立や教授会の機能の縮小は、これらのタイプの大学には当てはまるであろうが、伝統があり、研究力が強く、かつ学問分野に応じてさまざまな部局が存在するような大学（多くは大規模総合大学）において、学長のリーダーシップを殊更に強制することは、部局に分かれてそれぞれ相応の活力を有している組織にとってどのような意味があるのだろうか。かつて新構想大学では学長や執行部の権限が強く、誰が学長になるかによって部局や教員グループの利害に関わるため、学長選挙の際に怪文書などが出ることもあったらしい。しかし学部自治が貫徹している伝統校では、学長は事実上の持ち回りであっても差し支えないのだとの噂話を聞いたことがある。但し真偽のほどは不明である。

また、部局自治が強ければ、部局の教員たちは大学という枠を超えて、直接同分野の他大学の研究者と競争することができるし、現にそれが我が国の学術研究を進展させてきたと私は信じているが、大学全体としてのまとまりが求められると、学長側で学内の異なる学問分野の懸案についての評価と優先付けがなされてしまう。今、多くの国立大学において文系分野が苦境に立たされているのも、それらの文系が全国規模での競争だけではなく、学内における競争とくに理系や医系との比較と優先付けに晒されているからではあるまいか。

万能風邪薬では効果なし

論点のイメージを読者の皆さんに把握してもらいたいので、図表を用意した。横軸は大学の理念や役割に関することである。もちろん大学にはすべて、教育、研究、社会貢献という三つの役割が期待されてはいる。しかしその度合いは大学によって異なるのは周知のことである。さらにこれらを通じた大学の教育研究のレベルは極めて高いものから、大衆化した学生に適した一般的なもの、敢えて言えば平易なものまでいろいろあるだろう。そして、大学を学問の府と捉える大学と、そうではなく職業能力の養成など実務的な教育に重点を置く（あるいは置かざるを得ない）大学とでは、これらの間には一種の緩い相関があると考えられる。その代表的なキーワードは、第一象限にある「研究重点型大学」と、第三象限にある「職業訓練型大学」である。いわゆる大学の種別化や機能分化が進むと、それらの大学間の差異が広がり一つの政策がすべての大学にとって適切である度合いはどんどん減っていくことであろう。個別の大学の分布は楕円の中にあるのだが、これが矢印の方向を見ると明らかなように、徐々に広がりつつあるのが今日の状況ではないだろうか。

図表　大学の機能分化のイメージ

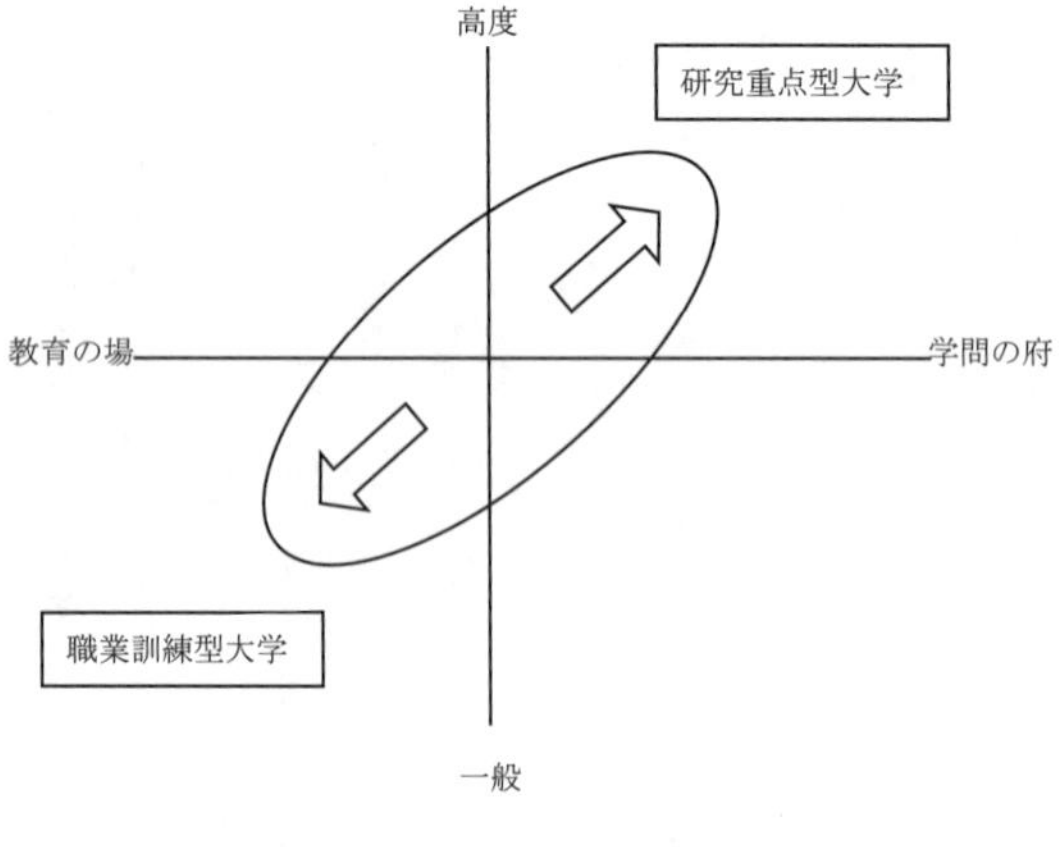

（出典）山本眞一による作図

そうなると、大学は役に立つ職業的技術・知識を教えよという財界の主張は、第三象限や第二、第四象限にある大学には当てはまるであろうが、第一象限にある研究重点型大学には、学の自主性を冒し、そこに学ぶ学生の創造性を奪いかねない愚策となる。例の教授会の機能縮小についても同じことが言えるだろう。つまりかつては一定の効力があったであろう「万能風邪薬」型の政策には副作用が大きく、これを防ぐにはピンポイント型の政策が必要になるのである。但しその際、第一象限にあるような大学には、できる限り自主性・自律性を尊重し、政府にはかつての大学財政の多くがそうであったように、カネは出すがクチは出さないという態度が必要である。それが実現できるかどうかは、おそらくは大学の責任というよりも、政策を打ち出す文科省がいかに政治力を発揮して政府部内の合意形成を図れるかにかかっているのだと心より思う次第である。

（2018年10月8日）

11―7　大学教育の質保証 ～大衆化の現実にどう対応するか

1990年代に始まる現在の大学改革は、かつてのマクロレベルでの制度改革とは異なり、多くの個別大学の改革・改善を促しつつ、すでに四半世紀を超えて進行している。この間、法人化をはじめとする大学という制度の外枠に関わるさまざまな改革は、いわゆるガバナンス改革として、我々大学関係者にはすっかりおなじみのメニューになった。この先どのようになるか分からないが、国の財政緊縮、18歳人口減少など大学経営を巡る環境変化の中で、そのメニューにはますます厳しいものが加わることであろう。

説明責任の増大の中で

制度の外枠の議論と並んで、大学改革の中で存在感が出てきているものに、制度の外枠と内側とをつなぐ「教育の質保証」がある。皆さんご存知の通り、大学で何をどのように教えるかなどの教育活動そのものについては、研究活動と並んで憲法に保障された学問の自由に関わるセンシティブな問題であり、また大学受験競争の緩和がこれまで大きな政策課題であったこともあって、必ずしも大きな関心を引き付けてはこなかった。また、受験生が入学定員を大幅に上回るという状況が永らく続く中で、大学も自治を主張して外部の干渉を退けることが、実質的にも可能であったことが大きい。

だが、我が国の政治的・経済的環境の変化や18歳人口の減少の中、大学と社会、大学と政府との力関係が変化し、大学自治の主張だけでは済まされない状況が生まれようとしている。それは、大学が社会によって支えられていている以上、大学教育の成果についての説明責任（アカウンタビリティー）を大学が果たすべき、との声の増大である。また、グローバル化に伴い国際的にも我が国の大学教育の質を積極的にアピールする必要性が高まってきている、とも言われるようになった。現に定員割れの大学が増加し、また進学率が過去に比べて飛躍的に高くなった現在では、学生の質や彼らを受入れる大学の教育の実態には、大きな課題が横たわっているのであるから。

問題の所在は、かつての中教審答申にも見ることができる。１９６３年の答申では「高等教育を受ける者はそれにふさわしい資質能力を備えた者であるべきこと」、「高等教育の水準を維持するためには一定の基準を確保すべきこと」などを理由に、「高等教育の規模の拡大にはおのずから限度がある」と述べられている。これを質保証という観点から見れば、規模の拡大は大学教育の質の低下につながるという、当時としては一般的な考えを代表していたと考えられるであろう。

私なりにこれを説明するために、図表を用意した。この図表の横軸は人々の能力を表し、右に行くほど能力が高いものとする。縦軸は能力に応じた人数を表すとすれば、この曲線は、経験則上、正規分布に近いものになると考えられる。例えば図表中のA点のように、上位15パーセント以内の学生が大学に進学

図表　大学進学率と学生の能力分布の変化

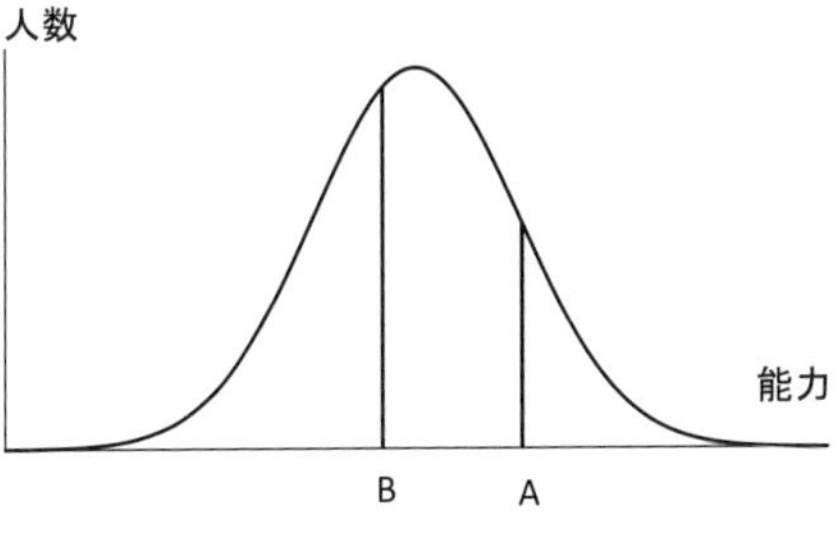

（出典）山本眞一の作図

するような1960年頃の大学教育の質と、B点のように6割近くの者が大学に通うような現在の大学教育の質との間には、自ずと差異があると考えるのが自然であろう。もちろんこの図表でいう「能力」とは何か、その能力を開花させる大学教育の「質」とは何かということについては、さまざまな考えがあることは十分に承知してのことである。それにしても、現在の質保証論議は、おそらく閾値（いきち）を超えてしまった現時点の大学教育の実態に、質保証をどう理屈づけるかという困難な問題に直面しているように思われる。

質保証の今日的位置づけ

現在の大学教育の質保証は、本年（2018年）11月の中教審の答申（2040年のグランドデザイン）でも取り上げられており、そこでは我が国の質保証に関する制度が「大学の設置認可による大学設置時」と「教育研究活動に対する様々な大学評価」という二つの組み合せによって成り立っていると指摘している。その大学評価は、1991年の大学設置基準の弾力化に伴い提唱された大学の自己点険・評価が発展し、第三者評価制度の導入を経て、現在の学校教育法に基づく認証評価制度につながっている。このほかにも大学の世界ランキングや予備校等が出す偏差値ランキング、就職状況ランキングなどさまざまな指標で大学が評価されているのが現状である。

そもそも大学教育とその質のあり方は、学校教育法第83条に言う「大学は、学術の中心として、広く知識を授けるとともに、深く専門の学芸を教授研究し、知的、道徳的及び応用的能力を展開させることを目的とする」旨の規定中に凝縮されている。またこの規定は、1918（大正7）年制定の大学令第1条の「大学ハ国家ニ須要ナル学術ノ理論及応用ヲ教授シ並其ノ蘊奥ヲ攻究スルヲ以テ目的トシ兼テ人格ノ陶冶及国家思想ノ涵養ニ留意スヘキモノトス」という規定と比べて、国家や国家思想という文言を除けば、条文の構成としては極めてよく似ている。政府の大学に関する認識には、その運用はともかくとして、制度的にはさほどの変化がないように思える。もちろん、「学問の自由」という憲法上の保障および「自主・自律」が宣言された改正教育基本法の規定は、戦前と戦後を分かつ大きな違いであることは確かであるが。

水準維持か充実向上か

教育の質保証の内容をより具体化したのが、文部科学省令である大学設置基準である。この省令の第1条では、その第2項で「大学を設置するのに必要な最低の基準とする」と言いつつも第3項で「大学は（中略）その水準の向上を図ることに努めなければならない」と努力義務を課している。その基準の項目は、教育研究上の基本組織、教員組織、教員の資格、収容定員、教育課程、卒業の要件、施設・設備等多岐にわたっている。但し、問題がある。それは基準の大多数が、大学が整備しなければならない諸条件のこと、すなわちインプット条件であることで、大学の質の成果（アウトプット）指標が抽象的な規定に止まっていることである。アウトプットはインプットと相関するのか、また受入れた学生の質に依存するのかという単純なことがらでさえ、大学設置基準を見ても答えを見出すことは困難である。

また学校教育法では、自己点険・評価が「教育研究水準の向上に資するため」に行うことや、認証評価機関が「当該大学の教育研究等の総合的な状況」について評価することなどが定められている。認証評価機関の一つである大学基準協会では、評価基準として同協会の定める「大学基準」（１９４７

年制定）を使うこととし、その基準の第一条には「大学は、（大学の）使命を自覚し、大学として適切な水準を維持すると同時に、その掲げる理念・目的の実現に向けて組織・活動を不断に検証し、その充実向上に努めていくことが必要である」とし、質保証が単なる水準の維持に止まらず、充実向上に進むべきことを明言している。しかも認証評価の実務に携わった経験のある私から見れば、絶対的な大学教育の水準よりも、個々の大学ごとに想定される水準があって、これを充実向上させるための努力がどれほどなされているのか、が評価の大きな手がかりになっているという現実がある。

このように、質保証というのは最低基準による保証に止まらず、大学教育の充実向上までをも意味するかのような仕組みに基づいている。もちろんそれは結構なことと思うが、常に向上をし続ける、という努力義務を大学に課し、そのための改革・改善が日常的に繰り返されることは、時に大学の活動を過度に忙しくさせて、「評価疲れ」という現象を引き起こす要因になるのではないかと心配している。水準を超える大学には緩やかな評価、水準を満たしていないと思われる大学には厳しい評価を与えるということが、質保証の根幹ではないかと思うのだが、いかがなものであろうか。

（2018年12月10日）

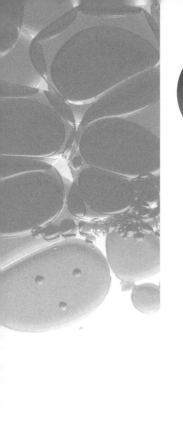

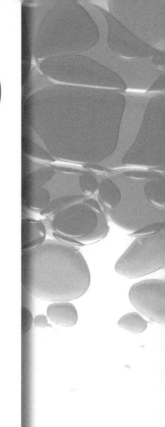

第12章

大学の自主・自律とガバナンス

12—1　学問の自由と大学の自治
～比較国際教育学会の大会に出て

ガバナンス～欧州型と米国型

3月上旬、比較国際教育学会（The Comparative and International Education Society：ＣＩＥＳ）という学会の大会がカナダ・バンクーバーで5日間にわたって開催され、これに出席する機会があった。この学会は創立が１９５６年、会員数２５００人を数えるおそらくこの分野では世界で最大級の学会であろう。学会の中に地域別や分野別のサブ・グループがあり、高等教育研究はその中でも大きい方だという。会の雰囲気は、米国生まれの学会らしく大変開放的で、「比較」、「国際」というキーワードにかかわらないさまざまな研究が数多く発表されていた。日本からの参加者も数十人、彼らを自身の目で確認することができた。科学技術に関係されている方には馴染みが深く、雑誌SCIENCEの発行でも有名な全米科学振興協会（ＡＡＡＳ）の年次大会が、同じく米国やカナダで開催されており、規模といい運営といい、これによく似た印象を持った。

この大会に出たきっかけは、カナダの研究者から「学問の自由・大学の自治」と題する議論にパネリストとして参加するよう誘われたからである。誘ってくれたのは、ここ10数年、毎年のように世界各地で高等教育改革に関する国際ワークショップを主催し、私もそのワークショップの国際アドバイザリーボードの一員として協力しているハンス・シュッツェ氏（ブリティッシュ・コロンビア大学名誉教授）である。同氏の目論見は、大学のガバナンスについて、アカデミック・コミュニティーの強い結合と彼らの自治を重視するヨーロッパ大陸型（ドイツが典型）と、大学を組織体あるいは企業体として捉え、理事会・学長を中心とした組織としての大学の自治を重視する北米型（米国が典型）とを対比させ、併せてこの両者から影響を受けている日本型のシステムを考察することによって、有益な議論をしてみようとするものであった。その日本における学問の自由や大学の自治の歴史や現状について分析・説明をするのが、パネリストとしての私の役目であった。また同氏からは、滝川事件や美濃部事件も取り扱うようにとの依頼があり、その視野は現在だけではなく戦前期の日本にも及んでいることが分かった。

難しい学長の立場

シュッツェ氏と同席のパネリスト2人の発表によれば、カナダの大学には、米国と同様に理事会(Board of Governors)、学長（President)、そして教員等の代表からなる評議会（Senate）があり、それぞれの機能は米国大学のそれとよくは似ているものの、カナダには州立大学が多いこと、州政府の独自性が米国に比べて強いこと、アカデミック・コミュニティーの結束が強いことなどの特徴があり、これらはちょうど日本がヨーロッパ型と米国型の間に位置づくのと同様、カナダのシステムも同じように中間に位置づくものとの認識があるようだ。また、彼らの発表からは、カナダの大学の多くは理事会と評議会との力関係の中でガバナンスがなされており、教員出身者が多くかつ理事会から任命される学長の立場が大変難しいことも理解できた。近年では4分の1以上の学長が任期途中で交代するという話を聞いて、大変衝撃を受けたからである。またその交代率は15年前には10人に１人以下だったそうで、近年激増しているのだと彼らは言っていた。

折しも昨年夏には、地元バンクーバーにあるブリティッシュ・コロンビア大学の学長が、4年任期の1年で辞任するという事件があり、新聞報道によれば改革に熱心だった学長と理事会とのコミュニケーション不足が原因のようで、またそれに関連してある教授がブログで学長を擁護するような発言をしたのに対し、これを電話でとがめた理事長が学問の自由に対する侵害という批判を受けて辞任するというゴタゴタがあったようで、これらの一連の事態も、私が加わったパネルディスカッションの背景事情にあったようである。

強い権限を持つ日本の国立大学長

さて、日本の方はいかがであろうか。パネルでは時間の制約もあって、戦前の大学はドイツに影響を受け、戦後は米国の制度を大幅に取り入れたがガバナンスについては必ずしもそうではなかったという歴史的事実を述べ、また近年の国立大学法人化や教授会の法的位置づけの変化などを説明するにとどめざるを得なかったが、例えば学長の機能やその選任方法などを考えるにつけ、他国とは異なる特徴に注目せざるを得ない。

例えば日本の法制では、国公私立大学それぞれについて異なるガバナンスの形態を容認している。理事会が最終意思決定機関として位置づけられている学校法人とは違って、国立大学法人の最終意思決定機関は学長であり、理事・監事等の役員からの制約を受ける立場にはない。国立大学法人の役員は学長によって選考・任命され、監事は文部科学大臣任命ではあるが、個別の事案についての意思決定に関わる立場ではない。それどころか、国立大学法人の理事によって構成される会議体は、理事会ではなく役員会（国立大学法人法11条）と称されていて、米国の大学でのような管理機関ではない。

いくつかの事項について役員会の議を経る必要があるとはいえ、あくまで最終的な意思決定権限は学長にある。

また、国立大学法人には、経営協議会および教育研究評議会が置かれるが、これらはいずれも審議機関であって管理機関ではない。また学長の任命は、国立大学法人法に定める学長選考会議の選考による候補者について、国立大学法人の申し出に基づき文部科学大臣が任命することになっている。つまり、経営協議会や教育研究評議会まして役員会が個別の選考に関わる立場にはない。国立大学法人という制度の中での学長の権限は極めて強く、またこれを掣肘する機関は、経営協議会や教育研究評議会ではなく、せいぜい学長選考会議くらいのものであろう（国立大学法人法17条）。

自由・自治の担い手は誰か

これらのことを考えると、学長がしっかりしているときは良いが、万一のときにこれをコントロールする機関は、任命権者としての文部科学大臣以外には思い当たるものがないというのが、非常に気になるところである。場合によっては、大学の自治や学問の自由を守れるのは文部科学省だけであるという皮肉な解釈さえも成り立ちうる。国立大学法人制度発足時には、まだ旧制度の余韻があって、学長の大学運営は極めて慎重であったという印象があるが、それから10余年を経過し、学長たちも段々目覚めてきて、学長とそれを取り巻く役員・副学長らの執行部において、その権限行使に大胆なケースも増えてきているようだ。

これに関して、最近気になる新聞記事をみた。いずれも日経新聞の教育欄で、2月22日付けの平野俊夫前大阪大学長、2月29日付けの北城恪太郎国際基督教大学理事長の記事である。二人の主張はそれぞれ異なるものの、意向投票やその背後にある教授会的意思決定システムを脱却して、外部の目で適任者を選ぶべきとする点では共通している。「従業員が社長を選んでいるようなもの」という批判は、学問の自由に支えられる教授の立場を不当に低く見ているように思うが、どちらも近年の世論の攻勢をバックに、おそらく多くの支持を集めそうな見解である。しかし、学内のほとんど誰にも掣肘されることのない学長が、果たして学問の自由・大学の自治の担い手たりうるかどうか、その目が学長の任免権や大学への資源配分権を有する文部科学省の方ばかりを向いてはいないかどうか、この際、他国の事例を参考に少し突っ込んだ議論が必要のようである。

（2016年3月28日）

12―2　大学の自主自律～退化させてはならぬもの

ツバメの脚はなぜ短い？

　あっという間に五月も下旬。時の過ぎるのは本当に早い。しかし早い早いと言っているうちに、数年あるいは十数年が経つと何かが大きく変わってしまっていることに気づかされる。後に述べる大学の変化もその一つである。

　さて、5月はツバメの子育ての季節。ほとんどのツバメは渡り鳥で、東京付近には3月にやってくる。上田敏の「海潮音」にあるガブリエレ・ダンヌンチオの「燕の歌」は「弥生ついたち、はつ燕、海のあなたの静けき国の便（たより）もてきぬ、うれしき文を」と始まるが、私なども学生時代に愛唱したものだ。そのツバメたちは、今の季節になると、建物の軒先に巣を作って忙しそうに出入りしている。私の近所の商店街でも同様である。中にいるひな鳥は順調に育っているのだろうか。先日ＮＨＫの番組で見たのだが、ツバメは天敵であるカラスからひな鳥を守るために、わざと人通りの多い場所に巣を作るのだそうだ。人とツバメの共生である。しかし近年、子育ての成功率が悪いのは、人が不衛生だとか鳴き声がうるさいだとか、いろいろ理屈をつけてその巣を叩き落としてしまうからだという。まことに傷ましいことである。だがこれは鳥獣保護法によって処罰されることもあるから、そのようなことはしないでもらいたい。

　いささかツバメのことを長く書き過ぎた。しかし本稿のテーマと関係あるので、もう少しお付き合いいただきたい。皆さんは、ツバメの脚がどのようになっているかご存知だろうか？　私はつい最近までほとんど関心がなかったのだが、いろいろな資料を読んでいるうちに、その脚は極端に貧弱であり、地上を歩くことすら困難であることを知るようになった。もっともそれは、ツバメが飛行に適した体型に進化してきた結果であって、空中で餌を捕え、また高所で生活をするには、長くてしっかりとした脚は不要だからであろう。水中を泳ぐ哺乳動物も脚の代わりに大きく発達したヒレをもっている。いずれも環境に最も適した体型であるからである。

大学も世に連れ？

そこで大学の話に移るのだが、大学もその置かれた環境に最も適した形態をとるのが自然であろう。戦前期の帝国大学は、国家須要の学問を教授するところとしてその特権的地位が保証されていた。大学も教授たちも国家官僚機構の上層に位置づけられると同時に大学自治の特権をも享受していた。実際、我が国では国家中枢に近ければ近いほど自由度が増す傾向があり、逆に遠いと「業者」扱いになって、時の政府の政策に従わなければとんだ不利益を被る。近年の国立大学法人の動きを見ているとそのことがよく分かる。戦後の高等教育の大衆化の中では、大学卒業による大企業就職へという人生モデルに適合して、入試偏差値を上げることが大学の経営戦略の重要な柱となった。但し、偏差値が低くても受験生が多いという需要過多の状況が長く続いたので、経営マインドを欠いた大学であっても十分生きながらえることが可能であった。こういう緩い環境の中では、大学がその基本理念である自主自律すなわち大学の自治や学問の自由を標榜し、たとえその中身が空疎であったとしても、人々は苦笑しつつもこれを容認していた。

大学を巡る環境が大きく変わったのは、1990年前後のことである。東西冷戦構造の解消による政治環境の変化、バブル経済の崩壊による社会・経済構造の激変、18歳人口の長期減少の中での受験市場の縮小などがその主なもので、加えてグローバル化・知識基盤社会化の大波が大学界を覆うようになった。それらの変化が大学に与えた影響を一口で述べるならば、大学の入試を通じた人材選抜機能が弱まり、あるいは失われて、大学は学生の教育により一層注力をしなければならなくなったということであろう。また、そのための大学改革の必要性はこれまでとは違い、個別の大学レベルに及ぶものとなった。大学と社会、大学と政府の関係に大きな変化が生じたことは言うまでもない。

その変化の中で、大学の自治や学問の自由の維持にとって厄介なキーワードが出現した。それは「アカウンタビリティー」というもので、つまり大学は社会に有用であるということを条件にその存続が許されるという考えにつながる。しかもその有用性は決して長期的視野に立ったものではなく、ちょうど国立大学法人が6年毎に中期目標が与えられ、またすべての大学が7年毎に認証評価を受けなければならないのと軌を一にするかのように、せいぜい数年のスパンで考えた有用性である。これでは基礎的学問の存続基盤が揺るがされることは無理もない。昨今の文系教育批判もそのような土壌の中から生まれたものであろう。

自主自律性の退化

当然、大学の自主自律も揺らぐことになる。その典型は2000年代から顕著になった政府の大学改革誘導政策である。これは、改革政策に競争的補助金を結び付け、GPとかG30などという名称を付け、各大学に改革の創意工夫の完成度や応募書類の優劣を競わせるものである。また、応募書類を作成するに当たって、当該補助金の趣旨を超えて、広く政府の大学改革への協力度が自然に分かるような書式に書き込まなければならない。つまり競争的資金を獲得するには、大学改革全般に渡る実績が必要である。おのずと大学は自主路線を採るよりも、この政府の大学改革施策に則った方が有利であることを学習するようになる。大学改革や大学経営の方向が、ある種の共通性を持つように進化（あるいは退化）するのは当然であろう。

　大学の自主自律すなわち大学の自治や学問の自由は、戦後、すべての大学に共通の理念として広く定着していた。しかしながら、法学を学んだものなら誰でも知っている有斐閣の『憲法判例百選』においても、東大ポポロ事件で争点となった学問の自由と大学の自治を扱った解説の中で、佐藤司神奈川大学教授は「しかし、1980年代から大学をとりまく社会的状況の大きな変化により、大学への警察権の侵害等について関係者の問題意識は希薄化し、今日では、むしろ社会や国民に「開かれた大学」としての自治や改革のあり方如何が問われている」と指摘するなど変化が見られるようになっている。

　もちろんこれは時代の趨勢であり、受容しなければならないことかもしれない。しかし、進化（あるいは退化）は時として思わぬ弊害をもたらす可能性もある。この絵は、一種の寓話として捉えても

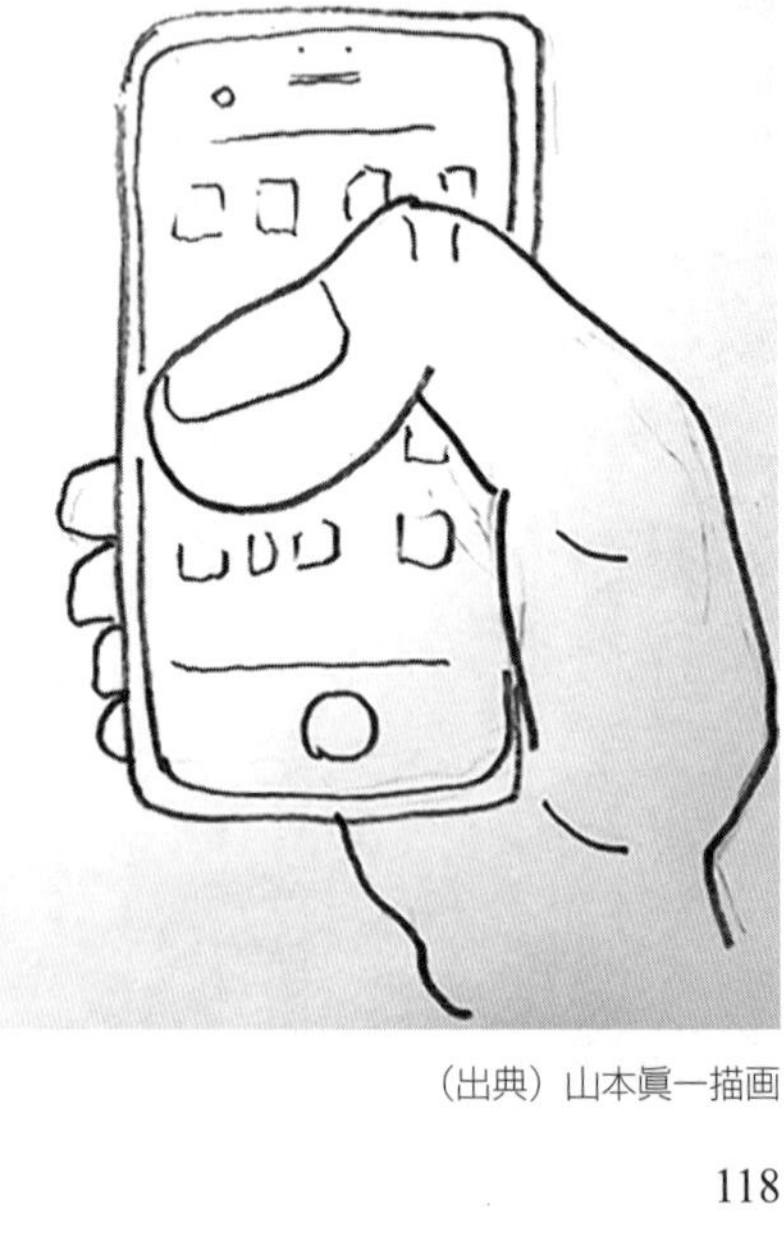
（出典）山本眞一描画

らいたいのであるが、スマート・フォンの急激な普及によって、我々は片手の親指を操作するだけで、いとも簡単に情報を入手しあるいは発信することが可能になった。楽だ便利だと言いつつ使い続けているうちに、ツバメの脚とは逆に使い過ぎた親指が異常に進化肥大し、ついにはスマート・フォンのボタンを正確に押せないほど大きくなってしまったらどうするのか。せっかくの機器が使えない、ということは大学も楽だ便利だといって全国共通の改革メニューにばかり慣れてしまっては、大学本来の機能・役割を見失ってしまうのではないか。親指に関しては非現実的な仮想であるが、大学に関しては大いに心配しているところである。果たして皆さんはどのようにお考えであろうか。

（2016年5月30日）

12—3　学長のリーダーシップ
～広島大学の研究員集会に出て

先月（2016年10月）27日、広島大学高等教育研究開発センターでは、例年の研究員集会が開催され、これに出席した。今年のテーマは「大学運営におけるリーダーシップ」である。越智光夫広島大学長や丸山文裕センター長の挨拶の後、プログラムは所定通り進み、夕刻の懇親会で終った。例年は2日間にわたるものが半日であったので、あっという間に終った感がある。但し、皆が議論を濃密に行いたいという暗黙の了解があったからであろうか、中身の充実した集会であった。この研究員集会を企画したセンターがプログラムとともに配付した資料によれば、学校教育法等の改正による「学長権限強化とそれに伴う教授会自治の弱体化が進行」する中で、「即断即決の意思決定の必要性」として正当化されたものの、「役職に就く〝人〟を得なかった場合のリスクの想定が欠如して」いるため、「素人経営による〝失敗〟の不安が肥大化しつつある状況と言える」と、相当思い切った見解表明をしている。このような問題設定を前提として、リーダーシップ改革の学術的根拠を探るため、学際領域における組織研究からの知見を十分に摂取する必要があるとして、組織経済学や組織社会学の専門家が講演者として招かれたのであった。

「不条理」による失敗

研究員集会では、はじめに慶応義塾大学商学部の菊澤研宗教授による基調講演があった。菊澤教授は、長篠の戦で鉄砲を活用せずに騎馬隊で戦って負けた武田勝頼、デジタル技術を最初に開発したのにフィルム・ビジネスに拘って倒産したコダック、9月入学を打ち出したのにその後実現せずに失敗した東京大学を例に挙げ、彼らは無知によって失敗したのではなく「不条理」によって失敗した、つまり騎馬隊よりも鉄砲隊、フィルム部門をやめてデジタル部門に特化、4月入学を9月入学に変えるのが良いと認識しつつも、これに関わる利害関係者との交渉の大変さやそれに伴う損得計算をしたため、結果的に失敗したのではないかと述べた。つまり、改革によって社会（マクロ）的には良い変化が生まれると思っても、個人（ミクロ）的には多くの利害関係者と交渉取引する必要がある場合、その人間関係の取引コストつまり制度改革に要する多大なコストを思うと、容易に改革ができないという問題に直面するのだと。これを菊澤教授は「リーダーの不条理（合理的失敗）」と呼んで、その取引コストの節約を考え、また変革によるプラスを増加すべきだと主張した。また当座の損得計算だけでなく、正しいかどうかの問題として扱う能力がリーダーに求められるとした。

続いて論点提起に入り、広島大学の大場淳准教授と村澤昌崇准教授によってこれまでの大学リーダーシップ論の先行研究からの論点整理や昨年広島大学が行った全国学部長アンケート調査の分析内容が紹介されたが、「権限をリーダーに集中させても、人を得なければ成果には結びつかない」、「ガバナンスに一喜一憂するのではなく、大学の成果は多様な要素の相互作用の産物と考えるべき」など、印象深い考察を聞くことができた。

構成員一体によるガバナンス

次に大森昭生共愛学園前橋国際大学長から、私学の事例に即した大学におけるリーダーシップの在り方が述べられた。大森学長は「みんなが支える大学コミュニティ化」という考えの下、同大学では教職一体ガバナンスの構築を目指し、教職員のフラットに参画する大学運営を実践しているとのことで、全国の大学から見学者が絶えないとのことであった。また、佐賀大学全学教育機構の村山詩帆准教授からは、「高等教育機関のように専門的な知識や技能の伝達が主目的である場合、決定の責任は必要な知識や技能が備わった集団に帰属」すべきだとして、学長への権限集中に伴うさまざまな問題を、実態調査等の結果を使いつつ、批判的に述べた。

論点提起の後は、ディスカッションのセッションに入り、コメンテーターとして招かれた太田肇同志社大学政策学部教授から、教員と組織（大学）との関係は、組織に全面的にコミットする組織人とは異なり、学外の専門家集団への帰属意識が強い「プロフェッショナル・モデル」を前提に考えなければならないとし、大学における学長の役割は、リーダー（学長）とフォロワー（教授・教授会）が目標を共有できていることを前提に論じられなければならないと述べた。

掌中に囚われたリーダーシップ？

続いてフロアーからさまざまな意見が出されたが、ある参加者は大学運営のリーダーシップに関して、これまで個別の実践や実践論の紹介が主であった研究員集会の議論に、このたびはきわめて学術的な考察が加えられて面白かったという、皮肉とも褒めことばとも受け取られるような興味ある発言がなされ、議論は俄然盛り上がりを見せた。確かに実践的な議論は、問題を具体的に把握するのに有効であるが、その具体的把握に重みを与えるのは背後にある理論的・実証的考察である。近年高等教育研究の分野では、アンケート調査等の実証データの深い分析の中に問題の所在を探ろうとする若手研究者の活躍が目立つようになってきている。但し、議論の枠組みにはやはり慎重な検討が必要である。私は、大学運営のリーダーシップ論は決して学内に閉じたものでは解決できないだろうという立場で発言し、概ね次のような考えを述べた。

「本日は、大学運営におけるリーダーシップのあり方について、さまざまな論点が紹介され、それらに基づき意見が交換されるのは大変意義深いことである。現在、大学を巡る諸環境は大きく変化し、大学運営においても、従来の教授会主導ではなく学長のリーダーシップが求められるようになり、かつ制度的にも法律改正によってその方向に進もうとしている。しかしながら、大学の外では政府の力が一段と強くなってきているという現実がある。私には、学長のリーダーシップと言っても、それは単に文科省からの大学改革連絡窓口を学長に一本化せよという要請に過ぎないようも見える。大学が政府に対して弱くなってきている中、学長のリーダーシップというのはいかなる意味合いに捉えるべきか、むしろ大事なのは大学の自主・自律の確立であって、学長と教授会のどちらがリーダーシップをとるべきかという議論ではないのではないか？」

このことをより明らかにしたいと思い、今回の記事では**図表**のような絵を描いてみた。学長は声高にリーダーシップを主張しているが、それはお釈迦様の掌中に囚われた孫悟空のようなもので、

図表　学長のリーダーシップの現状

（出典）山本眞一描画

外から見るといかにも滑稽な様に見えるだろう。そのお釈迦様とは一体誰のことかは、読者の皆さんの想像に任せることとしたいが、問題はいかにして掌から飛び出して、真の自主・自律を確立するかということである。その上でしっかりと社会的役割を果たすことが、これからの大学に求められることではあるまいか。皆さんもそれぞれこの絵の解釈に挑んでいただきたいと思う。

（2016年11月28日）

12—4　大学の自主・自律～支える仕組みはいかに？

ヴェニスの商人から

いきなり昔話から始めて恐縮だが、私は高校時代、部活動としてＥＳＳ（英会話クラブ）を選び、3年間続けた。放課後教室に集って部員同士で英語のみによる会話を試み、また武者修行のつもりで何人か連れ立って、電車ですぐの京都に出、外人観光客をつかまえては、どこから来ただの京都ではどこを見るだの、今から思えば彼らには迷惑だったであろうが、あれやこれやと質問をして自分たちの会話能力を鍛える努力もした。昭和39（１９６４）年は、日本人が観光目的のみでも自由に海外渡航ができるようになった年であるが、同時に私が高校に入学した年でもある。自由化されたといってもまだまだ外国旅行は高嶺の花の時代、高校生にとって来日観光客は外国を知る貴重な窓であった。

そのＥＳＳでは毎年の文化祭の折、英語劇をやることになっていた。私が一年生のときの演目はシェークスピアの「ヴェニスの商人」であった。先輩がどこからか英語の平易な台本を見つけてきて、一年生の部員それぞれに役を割当て、私たちは一生懸命練習したものである。私にはアントニオの役が回ってきたが、英語の台詞がどんなものであったのか、残念ながら今は記憶にない。ただ、例の裁判の場面でアントニオの肉1ポンドの切り取りを要求する商人シャーロックの訴えを、裁判官に化けたアントニオの友人の婚約者ポーシャが詭弁を弄して却下する場面は、モノクロ写真のイメージそのままに脳裏に浮かんでくる。

詭弁というのは、肉1ポンドの切り取りは許すが、血を一滴でも流してはならぬというポーシャの判決である。アントニオを助け、悪徳商人を懲らしめるという意味で、拍手喝采ものであったであろうが、今日これを法律的に見ると、肉と血とは一体不離であるから、血を流さずに肉を切り取るという契約は成り立たない。また、そもそも肉を切り取るという契約は、今日の社会では「公序良俗」違反となって無効である。

さて、皆さんにはいかにも浮世離れした話しと受け取られるかもしれない。しかし、仮に肉を「学問の自由」や「大学の自主・自律」、血を「大学への資金供与」や「大学に関する法制」に置き換えれば、話しはにわかに現実味を増す。なぜなら、学問の自由が憲法によって保障され、自主性、自律性が教育基本法に規定されている大学運営も、現実には教職員の給与や教育研究のための資金の手立てがなければ、また細かな法規制から大学を自由にしなければ意味を持たないからである。かつて、人々が大学という場を学問研究の府として尊重し、大学自治を当然のものと考えていた時代は、単に学問の自由とは、大学の自主性とは、を論じるだけでも十分であったのだが。

自主・自律の担保

法学部の憲法の授業で必ずといってもいいほど取り上げられている「東大ポポロ事件」の最高裁判決では、「学問の自由の保障はすべての国民に対してそれらの自由を保障するとともに、大学が学術の中心として真理探究を本質とすることから、とくに大学におけるそれらの自由を保障することを趣旨とする」ことや「大学における学問の自由を保障するために、伝統的に大学の自治が認められて……とくに教授・研究者の人事に関して認められる」などと判示している。そこではどのようにしてこれを財政面・制度面で保障するかという言及はないが、実際には国立大学は公務員給与制度や「積算校費」（一定額を保障し続けるための単価設定の工夫）によって財政的には守られてきたし、また人事に関しては、教育公務員特例法の適用によって、教授会に大きな権限を与えて、教員の任用や昇進の判断を教員集団に委ねるとともに、懲戒処分などの不利益処分が学長から一方的に行われないような歯止めが設けられていた。これが２００４年の国公立大学の法人化に伴い、国立大学には教特法が適用されなくなり、さらに２０１５年の学校教育法改正によって教授会そのものの機能縮小に手がつけられた。今や、国立大学によっては教員人事の実権が部局から学長に移行しつつあるところもあり、私立大学ではもともと理事長サイドの権限が強い大学もあって、教員人事における教員集団の役割は縮小の一途である。

しかも、１９９０年代から始まる大学改革の進展の中、大学の自治の中身は大きく変容し、これに対峙するかたちでの「アカウンタビリティー」（説明責任）という考えが前面に出てきた。当初はあくまで大学の自主・自律の前提のもとに生まれたはずの大学設置基準の弾力化や大学の自己点険・評価であったが、このアカウンタビリティーの高揚の中で、大学の教育・研究の社会的有用性に対する各界からの批判の目が厳しくなり、例えば自己点険・評価は、当初の自発的活動から義務化へ移行し、さらには２００４年の認証評価の制度化に至ったことは、皆さんにも周知のことである。目下のところ、認証評価の核心部分は「内部質保証」すなわち大学自らの手による質保証で、かろうじて自主・自律が守られているものと考えるが、片方で大学の教育活動に対する制度化が進行し、これを守ることすなわち法令遵守が質保証の重要な要件であるともされてきており、大学の自主・自律との衝突が心配される段階に至りつつある。

砦としての改正教育基本法

　このような中、近年、国からの交付金・補助金を誘導の手段とする政策実施の動きが目立つようになってきている。古くは2000年代始めからのCOEやGPがあり、その後は類似のプログラムが目白押しになってきている。また、国立大学および法人化した公立大学では、中期目標・中期計画という、運用次第では大学の自主・自律に大きな影響を与えかねない制度枠組みの中で、当初は慎重であったその制度運用が、各界や政府部内の圧力もあってか次第に顕在化し、国立大学の機能分化論が公立や私立大学も巻き込んで、大きな影響力を持つに至っている。私立大学に対しては、経常費補助金の中に政策がらみの特別補助の割合が増えつつあり、多くの大学にその政策に乗るか否かの判断を迫っている。さらに、入学定員厳守を推進するために、入学定員超過の上限の引き下げとそれを越えた際の補助金削減・不交付あるいは当該大学の学部新設等の不認可措置もある。これは、もともと学生の志願動向に左右されて入学者数を容易に確定しがたい私立大学に、より精密な入学定員管理手法の工夫を迫るものであると同時に、大学運営の自主・自律にも大きな障害をもたらす可能性がある。

　このようなときに最後の砦になるのは、皮肉なことに、愛国心教育云々で賛否さまざまな議論を呼んだ末に2006年に改正された教育基本法の規定ではないかと思われる。同法では第7条に大学の、第8条に私立学校の規定を新設した。第7条では大学の役割を示すとともにその第2項で「大学については、自主性、自律性その他の大学における教育及び研究の特性が尊重されなければならない」と、学校教育法にもない規定をわざわざ置いている。その趣旨は、文科省関係者の書いた解説本には「大学における教育及び研究は、外部からの干渉を受けることなく、自由に自主的に行われることが求められる」こと、そして大学の具体的な教育内容は「教育の目標を踏まえつつ、大学の「自主性、自律性」に基づいて、各大学が自主的に決定するものである」とされている（田中壮一郎監修『逐条解説改正教育基本法』第一法規）。当然、これを実行するためには、大学運営全般にわたる自由度が求められるに違いない。また、第８条では、私立学校の自主性の尊重と助成その他の方法による私立学校教育の振興についての努力義務が規定されている。政策担当者も大学経営者も心して、この難しい課題を解決しなければならないであろう。

（2018年5月14日）

12―5　ガバナンス構造の変化とその副作用
～大学の使命との関わり

官邸と文科省

先日、経団連の会長が就職活動の時期などを定めた「就活ルール」の廃止に言及し、大学関係者の間で論議を呼んでいる。私立大学団体連合会では学業への影響を心配してこれに反発しているようだが、新聞報道によると「経団連は内閣府や文部科学省、大学の関係団体などと新たな就活ルールの策定に向けて近く協議に入る」（9月5日日経新聞）とのことである。安倍首相は現行のルールをしっかり守っていただきたいと述べたそうだが、議論はまだまだこれからのようである。学生の学びの充実を目指すべき文科省はどのような態度で臨むのであろうか。

大学に関しては、さらに授業料無償化論議がある。昨年の総選挙時に自民党の公約の一つであったこともあり、今年（2018）1月に安倍首相が施政方針演説でこれの実行について言及し、その後急速に施策の具体化が進んでいる。現時点の政府の方針は、一定の所得水準以下の家庭の子供たちが、一定の要件を満たした高等教育機関（実務家教員による授業や外部理事の数など）に進学した際に授業料の減免を受けられるよう、2020年度から実施とのことのようだ。政治主導だからこそ動いた政策と思われるが、文科省事務当局の企画との齟齬はなかったのであろうか。

このようにして、高等教育政策は他の教育政策と同様、文科省という一つの役所内では収まりきれない意思決定プロセスを経なければならない。以前からそうであったと言われてみればその通りかもしれないが、とくに現政権になってから官邸に教育再生実行会議がおかれ、次々とトップダウン的政策方針が打ち出されるようになって、これが目立ってきたような印象がある。かつての文部省はたとえ自身が内閣の中で必ずしも有力官庁ではなかったにせよ、事務次官会議や閣議などを通じて、他省庁と同様にその所管の政策をもっと主張しうる立場にあったのではないかと思われるが、いまや官邸が司令塔と化し、高級官僚人事の官邸への一元化と相まって、文科省という役所自体が、教育に関わる政策官庁というよりは、政治的色彩を増した政府中枢の政策方針を実行する事務機関、としての性格を強めているように思われる。教育政策は、国家百年の計と言われるように、長期的視野に立つべき行政の最たる例であると思うが、教育が政治の駆け引きや短期的な利得に基づく効率化重視に過度に傾くことのないよう、大学人の一人として強く望みたい。

文科省と大学

さて、かように政府部内においては立場が弱くなっているように思える文科省であるが、所管の大学その他の高等教育機関に対しては、近年その立場がめっぽう強くなってきている。かつて大学は最高学府として、その自治が強く主張され、国立にあっては学術研究の実施とともに社会が求める高度な専門人材を数多く養成し、文部省の附属機関という制度的立場とは裏腹に、予算的には国立学校特別会計によって守られ、また学長を含めた教員人事については、教育公務員特例法によって、国家公務員法に基づくトップダウン的な人事とは無縁の独自性を誇っていた。ところが法人化は、政府と大学との関係をすっかり変えてしまった。文科省から独立した国立大学法人とされたにもかかわらず、中期目標・中期計画、運営費交付金などの制度は大学の独立性を弱め、政府が頭で大学が手足という当初から危惧された弊害が出てきているように思える。国立大学それぞれのミッションを中期目標によって誘導されてしまったことは、その最たる事例であろう。

一方私立大学は、戦前の苦い反省もあって、建学の精神に基づく私学の自主性が強く主張され、また実際にも当時の文部省は大学運営に口を出すことは極めて希であった。ところが最近では、私立大学の設置・運営等に法令違反があった際に、その是正措置として、文科大臣に改善勧告、変更命令、学部等の廃止命令権限を与える2002年の学校教育法改正が、私学関係者のさしたる反対もなく決まり、また2014年の教授会に関する同法の改正の際にも大きな反対はなく、逆に事後に文科省からの照会に応ずるかたちで、学内規定に散見されていた教授会の「決定」権限の手直しをするなど、私学も国立大学と同様、政策への協力姿勢を示したことは記憶に新しい。さらに近年はいわゆる「三つのポリシー」の制度化に伴い、すべての大学でその入学者受入れ・教育課程・学位授与という教学運営の各段階にわたりその方針の明示が義務付けられ、やがては認証評価を通じてその良否が議論されるようになることであろう。

このように、大学と文科省との関係が変わりつつある要因は、何と言っても資源配分の手綱が文科省に握られているからである。COEやGPによって始まったいわゆる競争的資金は、当初は国立大学間の競争に限定されるかに見えていたが、その資金の増大に伴い、また近年は私学の経常費補助の中にも、大学改革の熱心度を評価基準とする特別補助の割合が増えつつあり、資金の獲得と大学の自主性を天秤にかけて前者を選ぶ大学が多くならざるを得なくなってきている。また、「法令順守」という言葉が大学運営において抵抗なく受入れられていることも、政府の方針に忠実であろうとする多くの大学の姿勢を暗示するかのようである。教育基本法では大学の自主性、自律性が規定されているが、果たしてその精神は守り続けられることであろうか。

理事長・学長と部局・教員

一方、大学内のガバナンスを眺めてみると、従来のいわゆる部局自治が弱まり、理事長・学長側の力が強まる傾向にある。もともと国立大学法人法の規定によれば、学長の権限は極めて強く、私立大学においては設置法人の理事会が最高意思決定機関だとする合議制に基づいているのに対し、学長が法人の長を兼ね、かつ理事会は不在の独任制である。役員も監事を除けば学長任命で、もし学長が独断専行しても誰も止められない、止められるとすれば文科大臣くらいであろうという皮肉なガバナンス構造にある。

国立大学の学長たちは、制度発足時には従来からの慣行もあって、学長権限の積極的な行使には慎重であったようだが、次第に制度の趣旨の理解が進み、学長とこれを支える理事・副学長らの執行部にさまざまな権限が集中するようになってきている。また、文科省がしばしば「学長のリーダーシップ」を強調し、国の競争的資金が学長をトップとする大学単位で配分されていることも、これを後押しししているように思える。

私学はどうかといえば、もともと私立大学は多様であり、理事長・学長のワンマン体制の大学もあれば、国立大学以上に国立的な雰囲気の大学もありで一概には判断できないが、傾向としては、ここでも理事長・学長のリーダーシップが強調される傾向にある。18歳人口の減少に伴う経営困難など経営環境の変化がこれを後押ししているのであろう。その際、ガバナンス構造を簡素化し、教授会や各種委員会など個々の教員が意思決定に関わってきた各種会議を改編あるいは休止・廃止することによって、大学のトップは容易に経営の主導権を握ることができるかもしれない。一方、このような行為は、教員の大学経営への理解や参加意識を弱めるとともに、会議体の存在によって教員のパワーを動員することができていたという従来のメリットを放棄するものだとの声もあろう。

いずれにせよ、政府部内、政府と大学、大学部内の三つの局面において、大学に関わるガバナンス構造は大きく変わろうとしている。そのメリット・デメリットをより慎重に考えるべき時期に来ているように思う。今回は紙数が尽きたので、後日続きを論じることにしたい。（2018年9月24日）

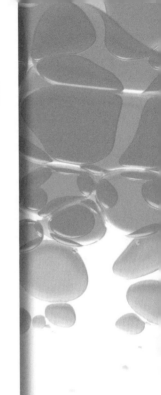

第13章

大学進学者マーケットを読む

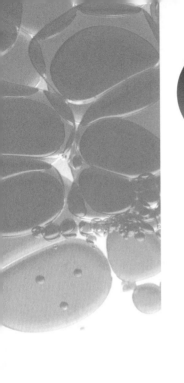

13—1　大学への入学者数～その構造的課題

全体として規模は頭打ち傾向

今年も夏の甲子園すなわち高校野球の季節がやってきた。それと同時に皆さんが注目している二つの調査結果が公表されるのもこの時期である。例年になく猛暑が続くこの夏、大学関係者とりわけ私学経営者にとって気がかりなのは、大学への志願者や入学者数の全国的状況のことであろう。18歳人口が前年に比べて5万人も減った昨年のショックをどのように受け止め、そして今年は昨年よりも2万人近く回復した18歳人口がどのように入学状況に影響を与えているか、多くの人々が関心を寄せる中、私も毎年考察の対象としているその二つの調査結果が公表された。一つは文部科学省の学校基本調査（平成27年）の速報であり、いま一つは私学事業団の「私立大学・短期大学等入学志願動向」である。

学校基本調査の結果によると、在学者数について、大学全体（大学院・専攻科・別科を含む）では286万人で前年度より4千人の増加、うち学部の学生も255万6千人で前年度より4千人増加した。一方、大学院は24万9千人で前年度より2千人減少、また短期大学の在学者数は13万3千人で前年度に比べて4千人の減少であった。短期大学在学者数の減少は、平成6年度から連続しており、平成に入ってからは過去最低を更新したとある。大学院学生の減少は、知識基盤社会の到来が言われているにもかかわらず、我が国の大学院に何か構造的な問題があることを暗示させるものであり、更なる精査が必要であろう。この結果、高等専門学校在学者を含め、また専門学校を除いた我が国の高等教育機関在学者数は、今年もかろうじて３００万人台を維持した。過去最高を記録したのは、大学学部の女子学生数の１１２万７千人で、前年度より1万人の増加、また女子学生の占める割合も44・1パーセントになって、過去最高を更新したそうだ。しかし、多くの指標が過去最高を記録していた数年前に比べると、いささか寂しい感じがする。高等教育の規模がピークを過ぎつつあることの証拠であろうか。

ますます細る浪人層

進学率の指標については、過年度卒業者を含む大学（学部）進学率が前年度と同じ51・5パーセントであったが、大学（学部）に短期大学を加えると、前年度比0・2ポイント減の56・5パーセント、専門学校を含めた高等教育機関進学率も前年度比0・2ポイント減の79・8パーセントであった。もっとも計算の分母となる18歳人口（3年前の中学校卒業者数）が前年より2万人多いという事実も考慮に入れておく必要はあろう。そのほか、高校現役志願率、対18歳人口比の大学・短大

図表1　大学・短大志願者数と関連指標の推移

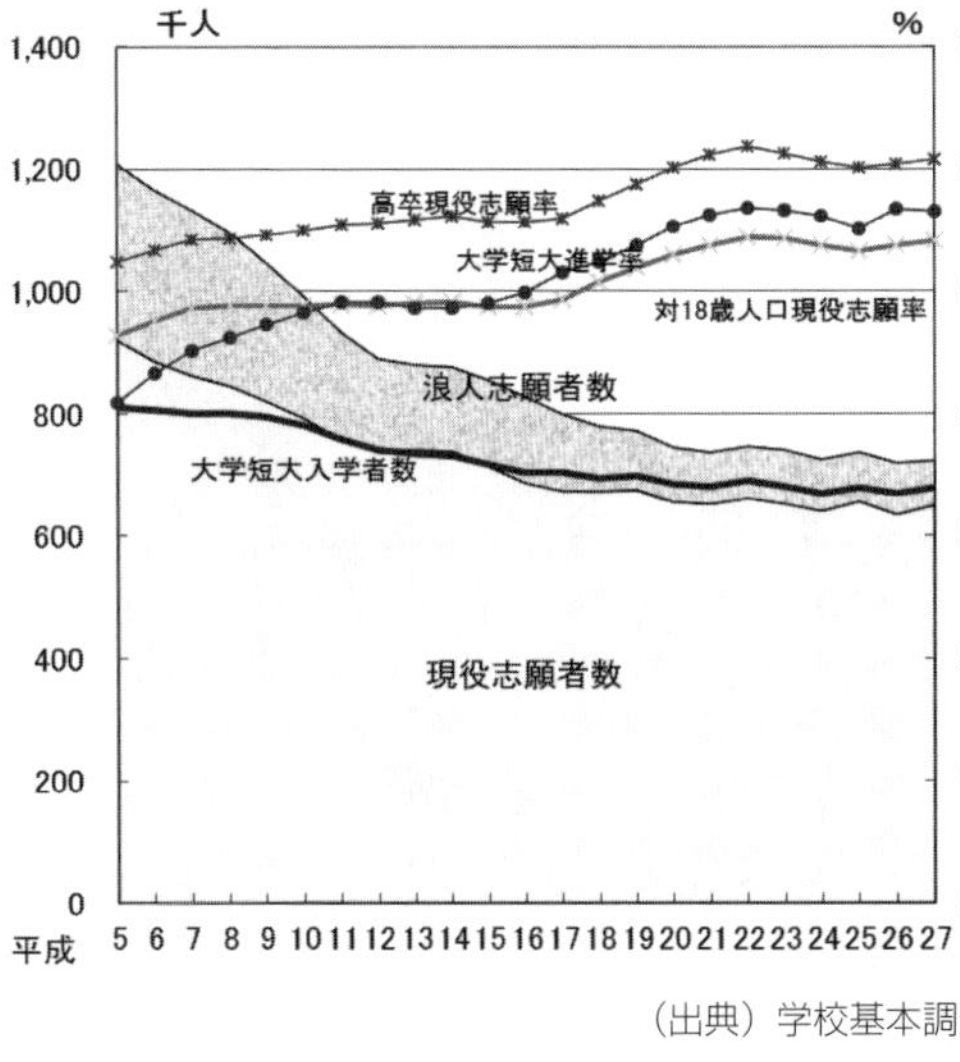

（出典）学校基本調査

志願率を、発表資料に基づいて計算して**図表1**に描いておいたが、こちらは前年に比べてどちらも0・4ポイント増で、それぞれ60・8パーセントと54・1パーセントであった。しかしいずれにしても、図表1から読み取る限りにおいて、進学率もまた頭打ち傾向にあるのではないかという印象がある。

図表1の面グラフは、大学・短大への高校現役志願者数と過年度卒の志願者数（浪人）を表しているが、現役志願者数が前年度より1万5千人ほど増えたのに対し、浪人志願者数は1万1千人も減っている。結果としての大学・短大入学者数は前年度より8千人余り増えて67万9千人になった。これらのことから、大学入学はいよいよ易しくなってきたようである。高大連携の下、高校教育も大学教育もその改革・改善が叫ばれているが、その必要性がますます現実味を帯びてきていることが分かる。

数がますます細りつつある浪人志願者がどのような分野を志願しているのかについては、直感的には医学部や芸術関係学部にその割合が多いこと、また浪人の割合は少ないが、もともとの学生数が多い法学部や経済学部に、数としては多そうなことが推測されるが、速報値としてはそれらの数値が公表されていないので、無理に前年度の数値で分析するよりは、後ほど公表される予定の確定値に基づき詳しく分析をしてみたい。

次に私学事業団の入学志願者動向調査の結果である。調査結果のうち、大学（学部）について事業団では、入学定員・志願者・受験者・合格者・入学者のいずれもが前年度より増加したこと、入学定員充足率は1・26ポイント上昇して105・04パーセントになったこと、定員割れの大学は15校減少して250校となり、大学全体に占める定員割れ校（未充足校）の割合は2・6ポイント下降して、43・2パーセントとなったこと等の説明をしている。なお、短期大学の定員割れについては、前年度より15校減少して192校となり、短大全体に占める割合は3・7ポイント下降して、61・0パーセントになったとしている。

「地方・小規模」対「都市・大規模」

さて、事業団では全国の私立大学を入学定員規模や所在地などを区分して、入学志願者等の状況について集計を行っている。これらに基づいて私自身が再計算の上、**図表２**のようなかたちでまとめてみた。入学定員については多い大学と少ない大学とで相当な差異が見られる。しかし、大まかに言って入学定員８００人以上の大学では全体として定員を充足し、それ以下の規模の大学においては全体として定員割れの状況にある。また入学定員規模はその大学が都市部にあるか地方にあるかという立地の問題と深く連動しており、大規模校は都市部に多く、小規模校の多くが地方に散在していることが知られている。

図表２で明らかなように、入学定員８００人以上の大学は１６１校で全体の28パーセントを占めるに過ぎないが、定員数では全体の72パーセントを占め、

図表２　私立大学の定員規模別・所在地別入学者状況の数と指標（平成 27 年）

入学定員	学校数	入学定員	志願者	受験者	合格者	入学者	志願倍率	合格率	歩留率	定員充足率
		A	B	C	D	E	B／A	D／C	E／D	E／A
800 人以上	161	332,173	3,036,283	2,916,846	1,009,112	362,419	9.14	0.35	0.36	1.09
800 人未満	418	131,524	477,219	459,584	232,146	124,642	3.63	0.51	0.54	0.95
都市部	390	390,619	3,263,975	3,132,600	1,100,897	416,312	8.36	0.35	0.38	1.07
その他	189	73,078	249,527	243,830	140,361	70,749	3.41	0.58	0.50	0.97

上記大学の全体中のシェア（%）

800 人以上	27.8	71.6	86.4	86.4	81.3	74.4				
都市部	67.4	84.2	92.9	92.8	88.7	85.5				

（出典）私学事業団公表資料

（注）都市部とは、宮城、千葉、埼玉、東京、神奈川、愛知、京都、大阪、兵庫、広島および福岡の各都府県にある大学である。

また志願者、受験者、合格者の指標を見ると明らかなように、これらはいずれも8割を超える高さである。このことは、多数の小規模大学が極めて小さい受験マーケットの中で悪戦苦闘している状況を暗示するものでもある。また、都市部を含む都府県にある大学は全体の3分の2を数えるが、これらは9割を超える志願者と受験者を集め、同じく9割近い合格者を出していることが分かる。これもまた、地方にある私立大学の苦しい事情を示すものとして注目しなければならない。

文科省・私学事業団では今後さらに都市部にある大規模校の定員管理を厳格にするそうであるが、一方で学生のニーズというものも重視せねばならないことから、その定員管理の実効性と妥当性について、さらに検証を重ねていかなければならないのではあるまいか。また、入学定員問題は国公立大学における定員規模の問題とも無関係では存在しえない。今後の人口減の中で、国公立を含め大学全体の規模をどのように考えるかという基本的問題が存在しており、またそのことを前提として、何らかの政策措置を取るべきと考える識者も段々増えてきているように思う。更なる議論が行われることを望みたい。

（2015年8月24日）

13―2　大学教育機会の都道府県格差 ～学校基本調査速報等を見て

大学には量的に最後の輝きが

前回の続きのようなテーマで恐縮ではあるが、例年のごとく、高校野球のシーズンの到来とともに、「学校基本調査速報」および「私立大学・短期大学等入学志願動向」の最新版が、それぞれ文部科学省および私学事業団から公表された。今年（２０１６年）は、四年に一度のオリンピックも開催中であるから、一層印象深い時期である。以下、その結果の中から興味深いいくつかの点について述べてみたい。

まず学校基本調査の方である。文部科学省の報道発表資料によると、大学の在学者数が２８７万３千人で前年度より１万３千人増加したが、それ以外の学校は初中等教育の諸学校を含めて、少子化の影響により全体的に在学者数が減少傾向である。短期大学の在学者数は12万８千人で前年度より４千人余り減少し、平成に入って過去最低となった。その中でも、大学学部の女子学生数は前年度より１万４千人増加の１１４万１千人、その占める割合は前年度より０・４ポイント上昇の44・５パーセントとなり、いずれも過去最高だそうだ。また、大学全体の女性の教員数は４万４千人（前年度より１千人増加）、教員全体に占める女性の割合は23・７パーセント（前年度より０・５ポイント上昇）で過去最高を更新とある。いずれにしても、学校教育が全体として縮小しつつある中で、ひとり大学のみは最高値を達成しつつ、いま最後の輝きを見せているのかもしれない。

図表1のように、いつも私が作成している「大学・短大志願者数と関連資料の推移」に平成28年データを追加した。震災被害の大きかった熊本県のデータは、初等中等教育については速報に含まれていないので、志願者数については後ほど補正を行う可能性があることをご了承いただきたい。これを見ると、志願者数が短期大学の影響を受けてじわじわと減少する中ではあるが、入学者数は何とか持ちこたえているという印象がある。今年の大学・短期大学入学者数は、昨年よりも若干減少して67万7千人であった。ただ、グラフに示した入学者数は、平成18年に70万人を割ってはいるが、その後現在まで、かろうじて68万人前後を保ってきている。18歳人口が本格的な再減少を始める2018（平成30）年以降、いよいよこの入学者数が確保し続けられるかが、大きな話題になるであろう。高等教育の規模の在り方について、早急の検討が必要である。

図表1　大学・短大志願者数と関連指標の推移（学校基本調査各年）

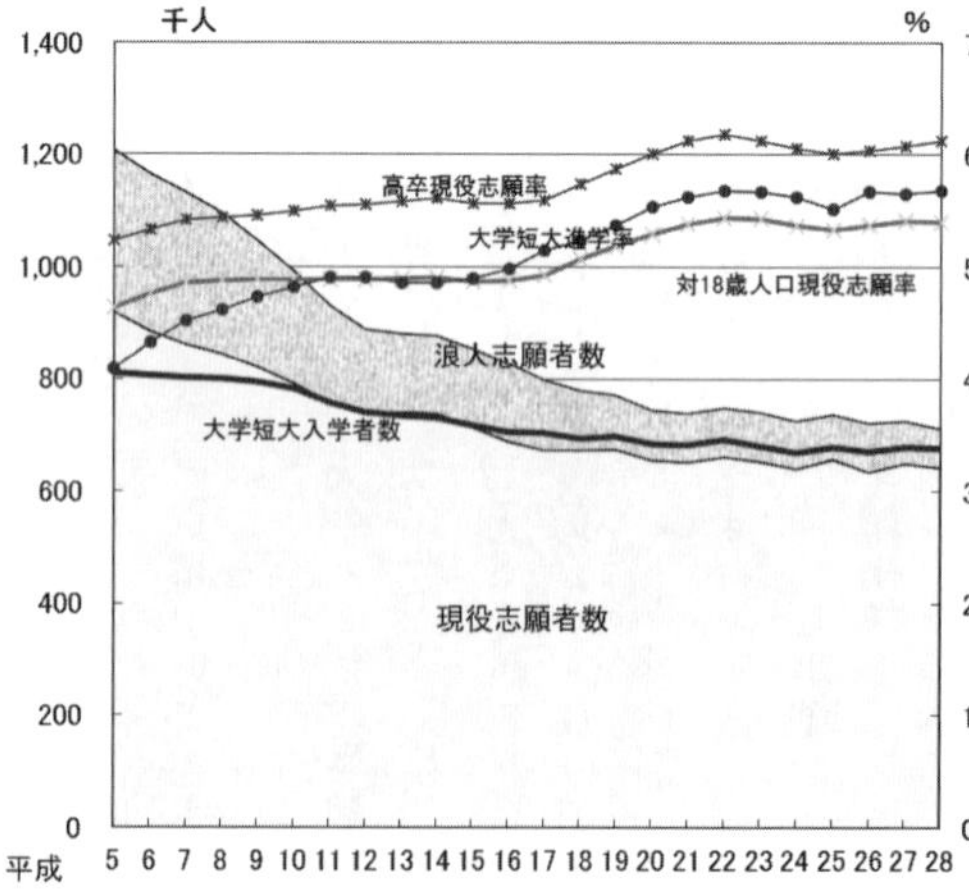

高進学率だが私大の45パーセントが定員割れ

次に、進学率の方はどうであったであろうか。文部科学省の発表では、大学・短期大学進学率（現役）

は55・0パーセントで前年度より0・4ポイント上昇。このうち大学（学部）進学率（現役）は49・5パーセントで前年度より0・6ポイント上昇、高校過年度卒を含む進学率は56・8パーセントで前年度より0・3ポイント上昇し過去最高、大学（学部）進学率（過年度卒を含む）は52・0パーセントで前年度より0・5ポイント上昇し過去最高となった。また、専門学校等を入れた高等教育機関全体では、昨年度と同率の79・8パーセントであった。つまり、5人のうち4人までの若者が、何らかのかたちで高等教育を受ける時代であるということが分かる。さらに、大学・短大入学志願率は61・3パーセントで前年度より0・5ポイント上昇である。逆に、高等学校を卒業して直ちに就職した者は17・7パーセントであり、今や就職という選択は、高校生ではなく大学生の問題に移りつつあることが印象深い。

さて、気になる私学の定員充足状況はどうであったであろうか。私学事業団の調査によると、今年度、私立大学については、入学定員、志願者、受験者、合格者および入学者のいずれもが増加し、全体で48万8千人とのことである。しかし、入学定員充足率は0・62ポイント下降して、104・42パーセントとなり、入学定員充足率が100パーセント未満の大学つまり定員割れ校は、前年度より7校増えて257校となり、大学全体に占める割合は44・5パーセントになった。規模別では、多少の増減はあるが、全体として大規模校は定員を充足、中小規模の大学で充足率が悪いのは例年通りの傾向である。

また、都市部を含む県はそれ以外の県よりも相対的に充足率が良いのもいつもの通りである。ただ、埼玉、東京、神奈川、京都、大阪などで、前年度よりも下がっていることは注目される。大規模校を中心とした定員管理の厳格化が進みつつあるのであろうか。学部系統別では、体育学の入学定員充足率が大幅に減少していると事業団が指摘している。但し体育学全体としては1割程度定員を超えている。ちなみに、学部系統別で全体として定員割れをしているのは、歯学、薬学、家政学、および芸術系である。なお、私立短期大学については、全体としての入学定員充足率は90・07パーセント、学校数で66・9パーセントが定員割れという憂慮すべき事態が続いている。

教育機会は大学の魅力づくりから

これらをうけて、都市部を含む県の定員充足状況は、それ以外の県に比べて良いという全体的な傾向を、大学入学者の規模や高校生の進学動向などと絡めて考えることができないか、という問題意識から、図表2のようなグラフを作成してみた。県別の棒グラフは、当該県に所在する国公私立大学の今年度の入学者数である。これによると、東京が突出し、それに続いて大阪、神奈川、愛知、京都、埼玉、兵庫、千葉、福岡が多いが、あとの県を含め、入学者数は指数分布的に少なくなっていくことが分かる。ちなみに東京だけで全体の24・2パーセント、さきほど挙げた大阪から福岡までの8県を加えると70・7パーセントとなる。

図表2　県別大学入学者数と自県内進学状況（学校基本調査平成28年度速報）

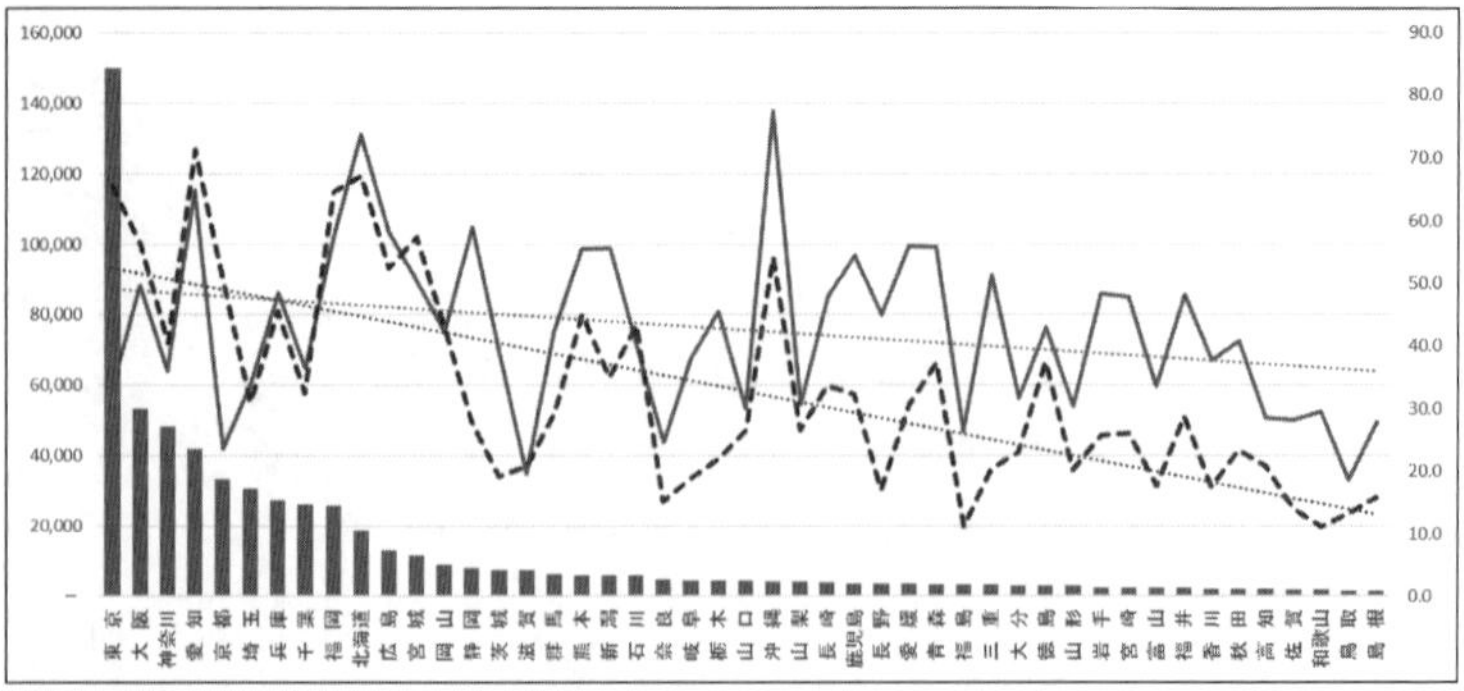

（注）棒グラフ（左軸）は各県所在大学への入学者数、実線（右軸）は入学者のうち自県内高校出身者の比率（%）、破線（右軸）は自県内高校の県内大学進学者の比率である。

このように大学入学機会はきわめて偏在しているように見える。但し、高校生の数もこれほどではないが、同様の傾向があるから、それ以外の県の大学教育機会が著しく少ないということでもない。現に、各県に所在する大学への入学者全体に占める自県内の高校からの入学者の割合は、平均的には40パーセント程度であり、著しい格差があるようには見えない。

但し、県内の高校を卒業後、県内の大学に入学した者の割合という別の指標をとると、図表2の破線のように、大学入学者数が少ない県ほど、県外の大学に進学する者が多いという傾向が見てとれる。つまりそれらの県では何らかの理由によって、県外の大学へ進学する者が多いわけで、またそのような県にある私立大学は概して定員充足状況が悪いことを考えれば、単に収支改善などの経営上の問題に止まらず、そもそもにさかのぼって、より魅力ある大学教育環境を整えなければならないのだと言えるであろう。

（2016年8月22日）

13―3　進学率はさらに上がるか？ ～学校基本調査等の結果を読む

連日の猛暑の中、今年（2017年）も大学入学者数の将来を占う2件の重要な調査結果が公表された。一つは文部科学省の学校基本調査（速報値）、いま一つは私学事業団の「私立大学・短期大学等入学志願動向」である。それらの結果を一瞥する限り、予断は許さないものの、今年は問題の深刻さがとりあえずは一段落というところか。

大学進学率は過去最高

まず学校基本調査の方である。大学進学率の指標として一番よく使われる過年度卒業者を含む大学・短大進学率は、57・3パーセントとなり、前年度より0・5ポイント上昇して過去最高になったという。このうち大学（学部）は、52・6パーセントで前年度より0・6ポイント上昇で過去最高となったのに対し、短大はその分、前年度より低下した。また大学全体の在学者数は289万1千人で前年度より1万7千人増加、増加の内訳は大学院が1千人増加、学部が1万6千人の増加である。一方短大は、前年度比5千人減の12万4千人で、減少傾向が続いている。

さらに専門学校への進学率は16・2パーセントで、前年度より0・1ポイント低下したが、学部・短大・専門学校を含む高等教育機関への進学率は、過年度卒業者を含めて80・6パーセントとなり、前年度より0・6ポイント上昇して過去最高になったそうである。同世代の5人のうち4人までが何らかのかたちで学修を続ける、いわば数字の上では高等教育の超大衆化現象が進行中である。但し、成人学生は他の先進国に比べて非常に少ないから、トロウの言うような万人のための高等教育すなわちユニバーサル化した高等教育システムが実現しているわけではない。

さて、今年の調査結果から注目すべき点は、進学率の上昇ということであろう。ここ数年、進学率の上昇は緩慢であったが、今年は0・5ポイントと久々のやや大きめの上昇であった。また、これは進学率計算の基礎となる3年前の中学校卒業者数の影響というよりは、大学・短大志願者数そのものの増加によることが大きい。このことは、**図表1**の入学志願者数の動きからも確認することができるだろう。もっとも現役志願者数よりも入学者数が多いのは、過去十数年来の傾向であり、この点は変わりがない。一部の難関校や人気学部以外では、従来のような選抜度の高い入試がもはや実施不可能になっていることをよく表している。

図表1　大学・短大入学志願状況と入学者数の推移（1993～2017）

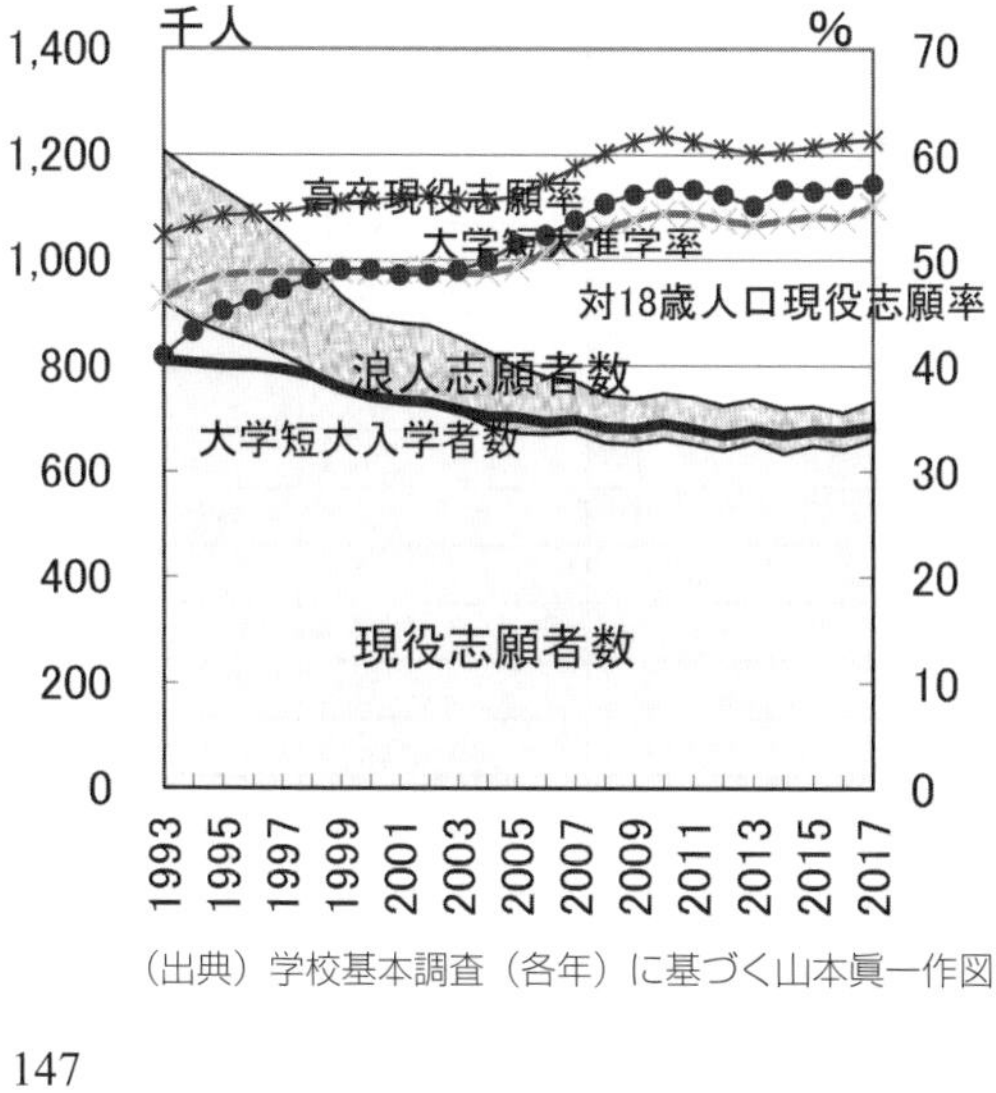

（出典）学校基本調査（各年）に基づく山本眞一作図

生産工程やサービス業に就く高卒者

では、なぜより多くの高校生が大学を目指すのであろうか。大学進学の動機を意識調査から探るのは簡単なようで結構難しい。それは本人の動機が曖昧でありがちということもあるだろうし、質問肢の作り方によっても大きく変わるからである。しかし、生徒・学生の就職状況には明確な差異が表れており、このような客観的指標から大学を目指す動機を探ることも、また意味あることなのではあるまいか。

図表2をご覧いただきたい。これは今年の学校基本調査から、卒業生の職業別就職者を調べ、全就職者数に対する各職業別就職者数の割合を示したものである。一瞥して明らかなように、高校卒業生と大学（学部）卒業生とではその傾向の差が顕著である。この職業別というのは総務省が所管している日本標準職業分類に則った分類のことであるが、例えば「専門」（専門的・技術的職業従事者）というのは、「科学的知識を応用した技術的な仕事に従事するもの、および医療・教育・法律・宗教・芸術・その他の専門的性質の仕事に従事するものをいう」とあり、その代表例は学校教

図表2　高校卒業者と大学（学部）卒業者の職業分類別就職者割合（2017）

職業分類	高卒男	大卒男	高卒女	大卒女
合計	115,484	217,750	74,827	214,338
専門	7.6	**35.1**	3.7	**37.6**
管理	0.0	**0.8**	0.0	**0.4**
事務	3.3	**24.7**	21.9	**31.6**
販売	5.0	**28.2**	16.6	**21.0**
サービス	**8.1**	4.4	**27.4**	6.6
保安	**7.0**	3.0	**2.3**	0.6
農林漁業	**1.4**	0.2	**0.6**	0.1
生産工程	**47.8**	0.9	**22.9**	0.3
輸送・機械運転	**4.6**	0.5	**0.9**	0.1
建設・採掘	**9.2**	0.2	**0.6**	0.0
運搬・清掃等	**3.8**	0.2	**1.5**	0.1
その他	**2.2**	1.7	1.4	**1.6**

（出典）学校基本調査（2017）に基づく山本眞一作図
（注）職業分類に対応する数字は、就職者全体に対する割合（%）

員、情報処理・通信技術者、医師・保健師・看護師などである。また「サービス」（サービス職業従事者）というのは、「個人の家庭における家事サービス、介護・身の回り用務・調理・接客・娯楽など個人に対するサービス、及び他に分類されないサービスの仕事に従事するものをいう」とあり、「生産工程」従事者というのは、「生産設備の制御・監視の仕事、機械・器具・手動具などを用いて原料・材料を加工する仕事、各種の機械器具を組立・調整・修理・検査する仕事、製版・印刷・製本の作業、生産工程で行われる仕事に関連する仕事及び生産に類似する技能的な仕事に従事するものをいう」と定義されている。

このような職業分類に従って、高校卒業者、大学卒業者の男女別の傾向を見ると、まず男子については、高卒者の半数近くが生産工程に係る職業に就き、残りの多くもいわゆる現業部門の仕事に就く傾向が顕著であり、一方大卒者の大部分は専門、事務、販売などホワイトカラーあるいはこれに準じる仕事に就き、高卒と大学卒との差異が明確に表れている。女子についても同様の傾向であるが、事務職、販売職にも高卒女子が相当程度就職しており、また高卒女子がサービス職に就く割合は、男子高卒者に比べて非常に高い。

高卒就職者に今後も大きな変化が

以上のような前提を元に考えると、今の高卒者が就いている仕事の多くは、今後ＡＩ化の進展によって変化あるいは消える可能性があり、少なくとも人件費の高い日本では縮小が進む可能性が高い。もちろん専門職や事務職など今の大卒者が就いている仕事も無縁ではありえないが、産業構造の変化によって、高卒者に適した職業はますます自動化、海外化、あるいは縮小の道を歩むことであろう。このようなことを今の高校生やその親も肌で感じているに相違ない。但し、最近になって大学に進学するようになった家庭の子供たちにとって、大学進学に掛る費用は半端な額ではない。授業料投資に見合う見返りが期待できる職業は、決して多くはないだろう。一生食べていけると多くの人々が信じている専門職とくに教職や医療系に志願者が集まるのも無理ないことである。

紙数が残り少なくなったが、私学事業団の調査結果にも触れておきたい。その骨子は、大学（学部）については、①入学定員、志願者、受験者、入学者のいずれもが昨年度より増加したこと、②入学定員充足率は、全体では昨年度より0・18ポイント上昇して104・61パーセントとなったこと、③入学定員100人未満および1500人以上の大規模校以外のすべての区分で、入学定員充足率が上昇したこと、などであるが、いずれも新たな傾向として注目される。人によっては、これは文科省の大規模校に対する定員管理の厳格化の効果だとするが、確かにそういう側面もあろうかと思うが、入学志願者や入学者が昨年より増加したことの影響が大きいのではあるまいか。しかし、2018年度から18歳人口の本格的減少が始まるわけで、その後の数年間の様子を慎重に見守っていく必要があることは、言うまでもないことである。

（2017年8月28日）

13—4　今年の大学進学状況
～定員管理厳格化の効果は如何に

恒例の2調査

　8月の声を聞き、蝉しぐれの中で高校野球の全国大会が始まる頃にやってくるのが、文部科学省の「学校基本調査（速報）」と私学事業団の「私立大学・短期大学等の入学志願動向」調査結果である。今年は8月2日に公表されたが、いずれも高等教育の現況を人数面で示す重要な調査であり、大学関係者にとって最も注視しなければならないものである。まずは学校基本調査の結果から見てみよう。

　2018（平成30）年度学校基本調査の報道発表によると、今年もいろいろな「過去最高」が書かれている。まず、大学・短大進学率（過年度卒業生を含む）は、前年度より0・6ポイント上昇して57・9パーセントになった。このうち大学（学部）進学率は53・3パーセントでこれも過去最高である。また、大学における女子学生の割合はいずれも過去最高で、学部で45・1パーセント、修士課程で31・3パーセント、博士課程で33・6パーセントである。このように女性の高等教育への進出は一段と顕著のようである。

　さて、私が毎年学校基本調査のデータをもとに作成している大学・短大志願者数と進学率等の指標を整理した**図表1**をご覧いただきたい。面グラフは各年度における大学・短大への現役志願者数と浪人志願者数の推移である。また、太字折線グラフは大学・短大への入学者数を示している。いずれも左スケールが各年度の数値を示している。その他の折線グラフは、右スケールにパーセントで表した進学率等の参考数値である。全体としては右肩上がりに見えるが、その上昇速度は極めて鈍い。

　このグラフの最初の年、すなわち１９９３年度においては、現役・浪人志願者数の合計がおよそ１２０万人であったところ、入学できたのは80万人であるから、３人のうち２人しか入学できないという極めて難易度の高い入試事情であったことが分かる。その後の18歳人口の減少が大きかったので、志願者数の減少は進学率の多少の伸びでは補うことができず、志願者数は１９９８年には１００万人を割り、２００５年には80万人を下回るようになった。現在ではおよそ73万人ほどである。

図表１　大学・短大入学志願状況と入学者数の推移
（1993～2018）

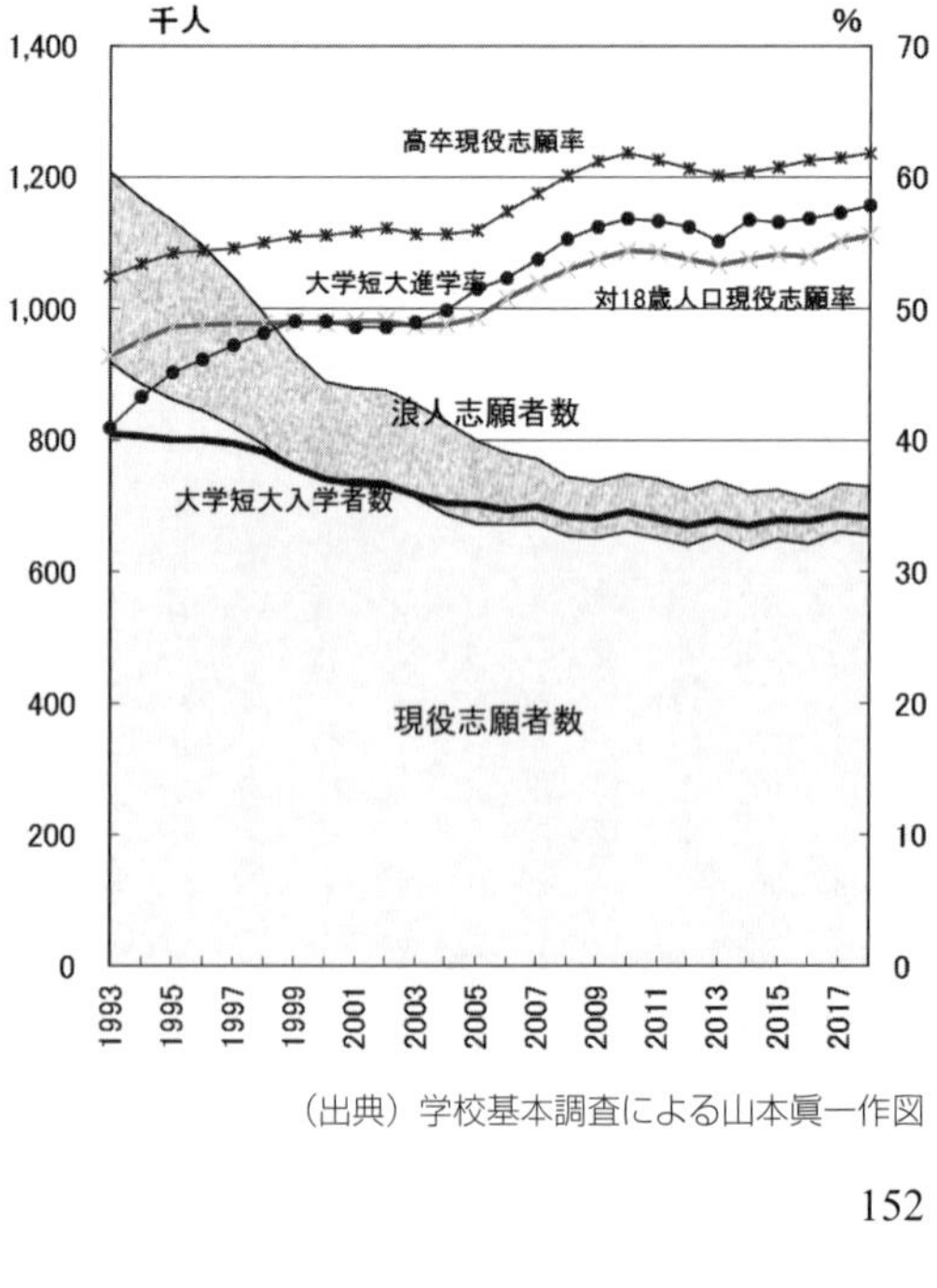

（出典）学校基本調査による山本眞一作図

事実上の全入状態続く

　これに対して入学者数は、大学の新増設が相次ぎ、また大学側の必死の経営努力もあってさほどは減少しなかった。このため、１９９９年には早くも現役志願者数が入学者数を下回るという現象が始まり、以後その乖離は次第に顕著になり、最近では3万人近くも入学者数の方が多い。浪人志願者を入れた数字も年を追って下がり、近年では73万人前後の志願者数に対して入学者数が68万人前後という両者が極めて近接した事態が続いている。多くの人は、この数字を見てもなお、志願者数が上回っている以上全入ではないと言う。しかし、私はその主張を大いに疑問視している。後述する**図表2**とも関連するが、定員割れの大学を含めて多くの大学では、あらゆる手立てを使って学生確保に走っている。したがって、高望みをしない限り、今の高校生の大学入学事情は極めて容易化している。受験生が大学を選び、任意の大学に入学できるチャンスは極めて大きい。これを全入と言わずして何と表現するのであろうか。

また、現在話題になっている某医科大学では3浪以上の浪人生と女子の受験者の点数を不当に差別していたとして騒がれているが、医学部（医学科）のように浪人生の割合が極めて高い分野もあり、また国公立や一部の人気私立校ではまだまだ高倍率の一般入試を行っているところもありで、これからも志願者数が入学者数を若干は上回り続けることは必然である。だが、大勢は全入の雰囲気の中での学生確保であるから、昨今も議論が続く大学入試

図表2　大学の規模（入学定員）別入学志願者・入学者・充足率等の比較

	年度	学校数	A 定員	B 志願者	C 受験者	D 合格者	E 入学者	志願倍率 B／A	合格率 D／C	歩留率 E／D	充足率 E／A
小規模校（1000人未満）	2017	452	161,803	639,481	617,284	311,617	162,282	4.0	50.5	52.1	100.3
	2018	452	162,487	692,907	668,307	320,885	166,044	4.3	48.0	51.7	102.2
	増減	0	0.4	8.4	8.3	3.0	2.3	0.3	△ 2.5	△ 0.3	1.9
中・大規模校（1000人以上）	2017	129	315,859	3,243,091	3,114,943	926,942	337,395	10.3	29.8	36.4	106.8
	2018	130	322,499	3,465,588	3,331,225	890,614	331,729	10.7	26.7	37.2	102.9
	増減	1	2.1	6.9	6.9	△ 3.9	△ 1.7	0.5	△ 3.0	0.8	△ 4.0

（出典）私学事業団調査による山本眞一作表
（注）A～Eの増減はパーセント表示。増減欄の各数値は、表計算ソフトの四捨五入処理により、それぞれの上2欄の数値と符合しない場合がある。

改革は、一部の大学にとっては有効であるかもしれないが、多くの大学にとっては的外れの議論も多いということを、関係者は認識しておく必要がある。

18歳人口減の中での学生確保には、進学率や志願率の上昇が救世主として期待されているが、図表1を見る限り急激な上昇は望めそうもない。そうすると、志願者数に見合った入学者数すなわち入学定員の削減が必要という風に議論の中心が移ってくるのであろう。最近になって急に、文科省の方から私学の自主的な撤退を促すような政策が仕掛けられようとしているのもそのためであろうかと思う。

定員管理厳格化の効果が

その入学者数の管理と関係があるのが、近年の大規模私学を中心とする学生定員管理の厳格化の動きである。２０１６年度から始まった収容定員８千人以上の大規模校および４千人以上８千人未満の中規模校に対する入学定員管理の厳格化は、現時点で大規模校につき１・１倍未満、中規模校についても１・２倍未満にまで強化されている。ちなみに収容定員４千人未満の小規模校については１・３倍未満である。今年度の私学事業団の調査結果によるとこの政策効果が表れているように見える。

図表２では、私学事業団の公表値の区分に従い、入学定員千人未満の小規模校とそれ以上の中規模・大規模校に分けて、２０１７年度と18年度の入学志願動向を比較してみた。両グループとも学校数はこの１年でほぼ変わりがない。しかし小規模校では入学定員はほぼ同じだが、志願者数は８・４パーセント、入学者数も２・３パーセント伸びた。その結果、定員充足率も前年度より１・９ポイント改善が見られた。これに対して中・大規模校では、いわゆる駆け込み申請によって入学定員が２・１パー

セント増加し、志願者数や受験者数もかなり増えたが、合格者数は3・9パーセント、入学者数も1・7パーセント減った。その結果、定員充足率も前年度より4ポイント低下するなど、定員管理を厳しくしていることが窺える。

また、志願倍率、合格率、歩留率は、小規模校と中・大規模校とでかなり顕著な違いが見られる。これは推薦入試やAO入試に多くを頼る小規模校では、必然的に志願倍率が低く、またこれらの入試方法が合格率や歩留率の高さにつながるものと理解できるだろう。中・大規模校ではその逆である。また、大規模校を中心に合格者数を絞った結果、これが他の大学の定員充足に一定の効果を与えたものと思われる。今回の記事では紹介しきれなかったが、同じく私学事業団の調査のうち、地域別の入学定員充足率を見ると、東京、神奈川、愛知、京都などでは入学定員充足率が低下し、逆に首都圏以外の関東、愛知以外の東海、京阪神を含む3府県以外の近畿などでは相当顕著な上昇が見られる。このことは都市部の大学が定員管理を厳格化したことによって、多くの受験生が近隣の大学へと流れたことの傍証ではあるまいか。いずれにしても、今後の推移を見守りたいものである。

（2018年8月27日）

13―5　2020年以降の大学〜脱皮と淘汰に向かって

年が明けたばかりと思ううちに、2019年1月も早や下旬。時間の経つのは本当に早いものである。この調子だと、人間の寿命という生理的制約を度外視して言えば、10年はおろか100年だってあっという間に過ぎるような錯覚に襲われる。私自身も50年前にはすでに大学生で、大学紛争中のあの安田講堂攻防戦があった年であり、その僅か2倍の長さが100年であると思えば、すぐにでも手が届きそうな気がするからである。今から100年前の1919年は大正8年であり、前年の11月には第一次世界大戦が終り、また12月には我々大学関係者にとって重要な「大学令」が公布されている。帝国大学以外に官立や公私立大学の設置を認めるこの勅令によって、我が国の高等教育の拡張が始まったのだと思えば、まことに感慨深いものがある。

さて、その100年とは言わぬまでも、今年は1949（昭和24）年に学校教育法に基づく今の大学制度つまり新制大学が発足して70年になる節目の年である。開業以来55年になる東海道新幹線が未だに「新幹線」と呼ばれることにいささか違和感を覚える私であるが、新制大学発足はそれ以上に昔のことなのだと思えば、その歴史が相当の長きにわたってきているのだということを感じる。そのことを意識しつつ本稿の図表をご覧いただきたい。この図表は私が今から20年ほど前に作成し、講義や講演で使ってきたものである。年月の進行とともに新しい時代区分を追加してきたが、そろそろ2020年以降の部分についても作成しなければ時代の変化に対応できないと考え、新たに作成し直したものである。

図表に新たな時代区分を追加

以前の図表を用いて説明してきた通り、戦後我が国の高等教育システムは、およそ15年間を1サイクルとして変容を遂げてきたと考えられる。その節目は、１９６０年頃から始まる高度経済成長、１９７５年頃から始まる高等教育計画（実際には１９７６年）の時代、そして東西冷戦の終結やバブル経済の崩壊という社会の激変の中、18歳人口減が始まって、個別大学の改革努力が問われるようになった１９９０年前後、２００５年で区切ってあるのはその前年に認証評価と法人化という重要な制度変革があったからであり、その後、現在に至るまで大学改革が一段と急速に進展してきているからである。

２０２０年を次の節目としているのは、15年区切りにこだわっているからではなく、この頃から18歳人口の再急減が甚大な影響を与えると思われるからである。また、２０２０年の東京オリンピックの後、社会・経済に大きな変化が予想されるからである。そして、その区切りの終わりを15年後の２０３５年に置いたのは、この前後までの15年ほどの間に18歳人口が一気

図表　我が国の戦後高等教育の時代区分

1945-60	1960-75	1975-90	1990-2005	2005-20	2020-35
政治の時代	経済の時代	計画の時代	制度改革の時代	体質変革の時代	脱皮と淘汰の時代
進学率10%未満	同　10%⇒40%	同　35～40%	同　40⇒50%	同　50～55%	同　55%～
戦後枠組構築	受験競争激化	高等教育計画	設置基準大綱化	大学の多様化	大学の機能分化
新制大学	大衆化の歪み	新構想大学	認証評価	評価と資源配分	質保証の多義化
大学自治	大学紛争	私学経常費助成	国公立大学法人化	科学技術と大学	イノベーション
学問の自由	団塊世代の通過	専修学校制度	競争的資金増加	国際的質保証	職業教育の増加
戦後復興	高度経済成長	18歳人口増加	18歳人口減少	グローバル化	リカレント教育
	中教審38答申	行財政改革	経済財政構造改革	知識基盤社会	Society5.0
	同　46答申	大学設置審答申	大学審98答申	大学改革加速	国際状況の流動化
		臨教審答申	中教審05答申	官邸政策会議	格差と多様化進行
					政府と大学見直し

（出典）山本眞一による作表

に減少して、ちょうど35年頃に一つの底を形成するであろうと考えられるからである。昨年の中教審グランドデザイン答申では２０４０年を目標年としているが、私には２０３５年前後がとても重要な時期にように思えてならない。このままでは高等教育とりわけアカデミックな教育・研究をタテマエとする大学は量的にも質的にも維持することが困難と思われる。逆に言えば、この時期までに起こるであろう一定規模の淘汰に耐え抜いた大学は、必要な改善・改革すなわち脱皮を終えて、社会の大変化や大学の機能・役割の新たな展開に応じて、その後に明るい展望が持てるのではないか、と個人的には考えている。

大学は大きく分化へ

新たに書き加えた２０２０~35年のキーワードについて説明をしておこう。「大学の機能分化」とあるのは、研究大学とそれ以外の大学さらには大学とは別種の高等教育機関へと、大学間の機能分化が多様化の次元を超えて劇的に進むであろうということである。専門職大学は、昨年の設置認可の状況からみて、現在の大学からの移行ではなく専門学校からの参入であるとの印象が強いが、２０２０年代になれば現在の大学からも専門職大学へと移行するケースが増え、かつそのように誘導するような政策が打たれるのではないかと考えている。

質保証の多義化というのは、大学教育の大衆化・ユニバーサル化に伴い、絶対的な大学教育の水準を判断材料にしていては成り立たない大学が増え、大学教育が学生に与える「伸びしろ」を評価するという相対的な評価が質保証の中心になるということである。もっとも、国家資格取得を教育目標におく分野の教育では、絶対的な水準が大事であるということには変わりあるまいが。いずれにしても、大学の多くはこれまでのようにアカデミックな教養教育と専門教育の組み合せでは成り立たなくなり、就職に役立つ教育、資格取得をめざす教育へとその教育内容の幅の拡大が行われるに相違あるまい。このことは、大学・大学院の分野構成や大学教員の雇用市場にも大きな影響を与えることになるだろう。

他方、大学の研究機能は、知識基盤社会がさらに進んだSociety5.0あるいはそれ以上の社会に適応するための高度化の要請が強まり、限られた数の研究大学に多くの資源が集中することになるだろう。同時にすでに現時点でも政府のこの方面の重点施策は、大学と産業界との結びつきの強化であるが、研究活動にはますますイノベーションの要素が強まることになるだろう。

リカレント教育は、今に始まることではないが、若年時新卒一括定期採用という大企業の雇用慣行がどの程度変化するかによる。しかし２０２０年代以降、現在職業に就いている人々が知識や技術の更新を図らねばならない必要性はますます大きくなるだろう。また新規の雇用にしても、学部レベルの新卒採用だけではなく、中途採用や大学院修了者に対しても開かれるようなシステムになれれば、リカレント教育に大学が関わる機会は開かれていくかもしれない。国際状況の流動化というのは、現在の世界の潮流がこれまでのグローバル化礼賛一本槍から、自国あるいは地域ブロック中心の政策に変わる恐れがあるからだ。そうなれば、留学生の流れは世界的に大きな変動をもたらすことになる。また、世界の学問の中心地がどこになるかによって留学生の流れは大きな影響を受けることになる。

熱心な学習者を取り込む

いずれにしても、Society5.0のような超知識基盤社会の世の中では、新しい知識・技術と実行力のある人々がますます活躍し、世の中の主導権を取るようになっていくと思われる。我が国では、これまで教育機会の均等化が社会の格差是正に役立つと信じられ、それに沿った教育政策が行われてきたが、現実には能力に優れた人材に多くの教育機会が開かれ、かつ利用もされているようである。先に述べたリカレント教育にしても、すでに大学・大学院教育を受けた高学歴の人々ほど学習熱心であるといわれており、ことの良し悪しは別として、学生確保の見地からはそういう学習熱心な人々をさらに多く取り込むことも考えなければならないであろう。なお、末尾の「政府と大学見直し」とあるのは、両者の関係を見直すことによって、大学として残る機関には、自主・自律を担保することが必要ではないかという意味である。

最後に一つ。それは２０１８年の出生者数が政府の推計値では92万人に止まりそうなことである。死亡者数の存在も考慮に入れると、２０３６年の18歳人口の政府推計値（中位推計）96万人と比べかなりの開きがある。その前数年の出生者数も少なめに推移しているところから、今後の数値は下方修正される可能性がある。その意味で、２０４０年の18歳人口88万人という固定した数値に安心せず、さらに低い数値が現実であるかもしれないという用心をしておかなければならないと思う次第である。

（２０１９年１月28日）

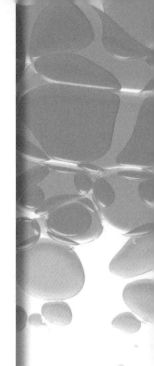

第14章

大学院問題を考える

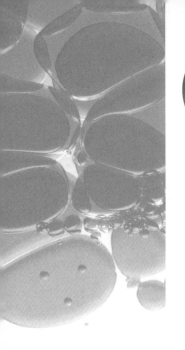

14―1　大学院改革～その現在と過去

大学院教育振興施策要綱

四月はあっという間に過ぎ、風薫る五月となった。ゴールデン・ウィークは、新年度の慌ただしいスケジュールの中で失いがちな仕事と生活のバランスを調整する絶好の機会である。これは学生に限らず、教員・職員とて同じことである。皆さんは有益な時間を過ごされたことであろうか。

私事で恐縮ながら、四月に勤務校で大学院部長に就任し、オリエンテーションで新入院生に挨拶し、入学式やこれまで出ていなかった学内の主要会議に出席し、また個別の雑件を処理する中で、たちまち数週間が経過してしまった。これに加えて自大学の発展戦略の企画を関係者とともに議論したいと思うのだが、現場を預かる管理職としてはなかなかそこまで手をつけられないのが残念である。ただそのような中でも、大学宛に一本の通知が来たことだけは記しておかねばならない。それは「中央教育審議会大学分科会「未来を牽引する大学院教育改革（審議まとめ）の送付及び「第3次大学院教育振興施策要綱」の策定について」と題する本年（２０１６年）3月31日付け文部科学省高等教育局長名の通知である。

この通知は、「社会と協働した『知のプロフェッショナル』の育成」という副題をもつ昨年9月の中教審審議まとめと、これにもとづき本年3月31日に文部科学大臣名で策定された「第3次大学院教育振興施策要綱」の周知を図るために出されたものである。要綱では今後の大学院教育改革の方向性として、体系的・組織的な大学院教育の推進と学生の質の保証、産学官民の連携と社会人学び直しの促進、大学院修了者のキャリアパスの確保と進路の可視化の促進を始め七つの基本的方向性が示され、また「卓越大学院（仮称）」の形成が重要施策として提言されている。

例えば、体系的な大学院教育の推進については「修了認定・学位授与の方針（ディプロマ・ポリシー）、教育課程編成・実施の方針（カリキュラム・ポリシー）および入学者受入れの方針（アドミッション・ポリシー）を一体的に作成すること」が求められることや「修士課程段階から狭い分野の研究に陥りがちだった大学院教育を抜本的に改革し（中略）、既存の研究科・専攻の枠を超えて一貫した教育課程が普及していくこと」が望ましいとし、これに関係する文科省の取組も列挙されている。同様の記載は七つの基本的方向性ごとに具体的に記述されているので、皆さん自身で確認いただきたい。

大学院改革の進展

我が国の大学・大学院教育は、高度経済成長、社会の成熟化、知識基盤社会化、グローバル化など社会の変化に合わせるかのように普及・発展を遂げてきた。この変化に合わせて、研究者養成を主要な機能としていた大学院にも高度専門職業人養成など多様な役割が求められるようになり、修士課程については1970年代半ばから、博士課程についても1990年代半ばからさまざまな制度改革が試みられてきた。特に修士課程については、私自身が文部省大学課で作業に関わった1974年の大学院設置基準（文部省令）の制定に伴い、高度の専門職業教育が目的に加えられ、またその後も、夜間大学院の設置を可能にし、修業年限の短縮（標準2年、最短1年）を可能とするなど社会人学生のニーズに応じた制度の多様化・弾力化が進められた。2000年代に入ってからの専門職大学院制度の創設、大学院修士課程および博士課程教育の「実質化」、博士課程における研究機能の増強などと続き、現時点での第3次大学院教育振興施策要綱にあるような改革施策につながっていく。

最新の学校基本調査による大学院在学者数は、修士課程（博士前期課程を含む）が15万9千人、博士課程が7万4千人、専門職大学院が1万7千人であり、これらを合計した数値は、学部在学者数255万6千人の9・8パーセントに当たり、また学士課程から修士課程への進学率は11・0パーセントと推計される（2015年データ）。

図表　主要分野における学士・修士・博士課程入学者数の状況

			入学者数			学士＝1000とした指数		
			学士	修士	博士	学士	修士	博士
国立	人文	1975	3,746	817	280	1,000	218	75
		1995	7,271	1,347	543	1,000	185	75
		2015	6,540	1,544	510	1,000	236	78
	社会	1975	9,668	294	213	1,000	30	22
		1995	17,958	1,965	414	1,000	109	23
		2015	14,755	1,832	541	1,000	124	37
	理学	1975	4,660	1,282	532	1,000	275	114
		1995	5,661	4,106	1,351	1,000	725	239
		2015	6,888	4,500	1,032	1,000	653	150
	工学	1975	19,699	4,962	571	1,000	252	29
		1995	32,896	16,170	2,580	1,000	492	78
		2015	29,103	20,487	2,132	1,000	704	73
私立	人文	1975	47,989	1,485	402	1,000	31	8
		1995	80,603	2,687	669	1,000	33	8
		2015	75,657	2,985	549	1,000	39	7
	社会	1975	167,072	1,472	282	1,000	9	2
		1995	204,657	3,866	510	1,000	19	2
		2015	178,165	4,358	502	1,000	24	3
	理学	1975	7,074	285	54	1,000	40	8
		1995	11,131	1,289	158	1,000	116	14
		2015	10,911	1,356	107	1,000	124	10
	工学	1975	61,685	1,899	164	1,000	31	3
		1995	75,683	7,383	407	1,000	98	5
		2015	58,350	9,196	430	1,000	158	7

（出典）学校基本調査にもとづく筆者の作表

これらは、欧米諸国に比べると少ないものの、我が国でも社会の変化に合わせて、大学院進学者が着実に増加しつつあることの反映である。

ここで、大学院問題を考える全体把握の参考とするために、中教審や施策要綱とは異なる観点からつくった図表を一枚紹介しておきたい。これは、人文・社会・理学・工学という四つの主要分野において、大学院改革が開始された頃の1975（昭和50）年、大学院重点化や拡張政策が進行中の1995（平成7）年、現時点である2015（平成27）年という20年刻みの三つの異なる時点の学士課程・修士課程・博士課程の入学者数の状況を、国立大学と私立大学に分けて示したものである。これによると、分野別・設置者別にその差異は一目瞭然となる。

設置者別・分野別に大きな差異

第一に、国の大学院振興施策はやはり主に国立大学を念頭に置いたものではないかと推測される。私立大学においても大学院進学者数は増加傾向にあることは読み取れるが、学士課程入学者数と比べた大学院教育のウエイトは圧倒的に国立大学が大きい。進学者数が少ないと思われている人文・社会系においても、国立では人文で学士課程の4分の1、社会で8分の1の入学者数を数えるから、社会人学生の存在を考慮しても、少なくとも修士課程においては大学院教育がかなりの普及度を示していると言えるだろう。理学・工学では、大学院教育はむしろ必須に近い程度に普及している。これに比して私立大学では、人文・社会系はもとより理・工系においても進学者数は少ない。むしろ、私学にとって喫緊の課題は、大衆化と学生確保競争がもたらす学士課程教育の質の確保であることが明らかではないか。

第二に、大学院進学状況は分野別にかなりの差異がある。修士入学者数と博士入学者数の差が小さい分野例えば国立大学の人文・社会や理学と、修士・博士の差が大きい分野例えば工学とでは、修士課程の意味合いが異なるのではないかと思われる。後者ではいわゆる高度専門職業人教育としての修士課程教育が定着していることが窺えるのに対し、前者においては、依然として大学院教育の主流が大学教員や研究者養成であり、かつ院生の関心事であろうと思われるのである。

第三に、いくつかの分野で博士課程入学者数が、実数においても指数においても減少していることである。いわゆる「博士離れ」が、グローバル化の対応に逆行し、かつ今後の我が国の科学技術の振興に障害をもたらさないよう、博士課程教育の充実と彼らの適切なキャリアパスの開発を望みたい。

（2016年5月16日）

14―2　大学院と留学生～それらの数字が物語るもの

増える留学生と変化する国別構成

近年の高等教育の変化は著しい。実態としてのグローバル化はともかくも、大学等の教育目標として、あるいは政策目標としてのグローバル化対応は、いま最もホットな課題であり、その代表的な数値としての留学生あるいは外国人学生の獲得は、さまざまな理由があるにせよ、高等教育機関の経営にとって極めて重要である。なお、留学生や外国人学生の定義について、本稿では文部科学省や日本学生支援機構によるものにしたがっているので、詳しくはそちらの方を参照いただきたい。

我が国における留学生数は近年増加の傾向にあるが、その在学する機関も多岐にわたっている。日本学生支援機構の調査によれば、２０１５年5月の時点での留学生数は約20万8千人であり、それらは**図表1**に示すとおり、大学院や大学学部だけではなく、短期大学、高等専門学校、専修学校（専門課程）、準備教育課程、日本語教育機関にまで及んでいる。むしろ大学に在学する留学生はおよそ半数に過ぎないのであって、その実態は実に多様であることが想像される。

出身地域は、アジアが最多でその割合は全体の93パーセントを占めており、中でも多いのが中国（全体の45・2パーセント）、ベトナム（同18・7）、ネパール（同7・8）、韓国（同7・3）、台湾（同3・4）である。もしかしたら、大学関係者の多くは中国・韓国・台湾を留学生の多い国としてイメージするかもしれないが、送り出し国の政策変化や調査対象機関の拡大なども相まって、ベトナムやネパールが中国に次いで多くなっているという事実には注目すべきものがあるだろう。ただ、後述するように大学院に在学する者については、別途の実態がある。

大学院レベルでの留学生構成の現状

さて、私のように国立大学に長く勤めた者にとって、留学生というものは大学院で学ぶものだという一種の刷り込みがあるが、全体から見ればかなり異なる実態があることを認めざるを得ない。すなわち、国立大学においては、学部留学生が1万1千人で、大学院留学生が2倍以上の2万6千人であるのに対し、私立大学では逆に大学院が1万4千人であり、学部はその3倍強の5万5千人の留学生を抱えている。したがって、留学生というものをどのような角度から見るかによって、その見え方は大きく異なる。ただ、本稿においては、グローバル化の中での研究の場として、大学院には近年どのようなこ

図表1　我が国における在学機関別留学生数割合　2015年

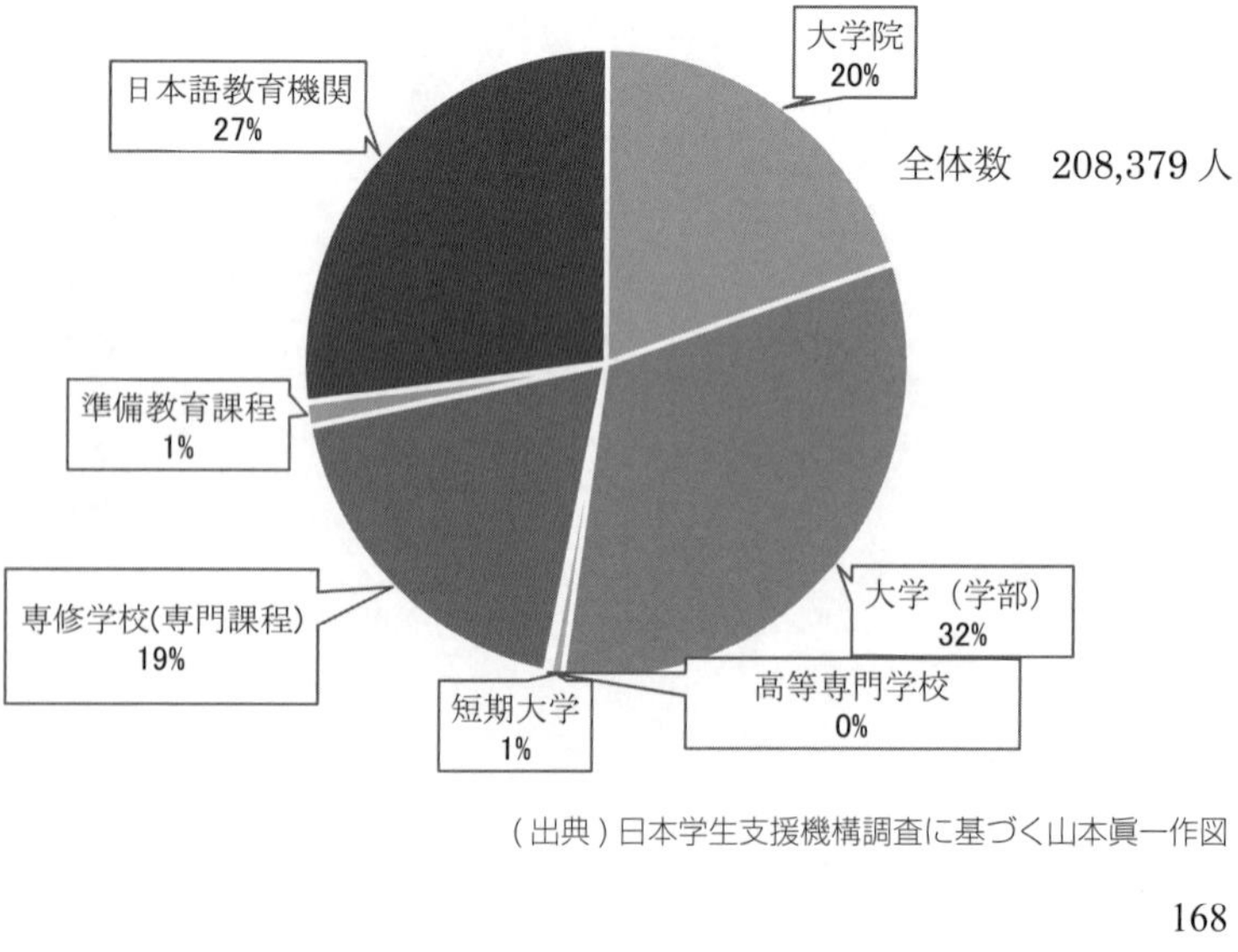

（出典）日本学生支援機構調査に基づく山本眞一作図

とが起きているのかを、実際の数字をにらみつつ考えてみることにしたい。使うデータは、学校基本調査である。

図表2にその概要をまとめてみた。学校基本調査の2015年データによると、大学院に在学する学生は、全体数で修士・博士・専門職課程を合わせて24万9千人、そのうち外国人学生は3万9千人で、外国人比率は15・5パーセントである。図表が大きいので、スペースの節約のため合計欄を省略してあることをご了解いただきたい。次に、専攻分野別の学生数および外国人学生数を見てみよう。ここでは、分野別・男女別にまとめてあるが、学生の数が多いのは、「その他」を除いて男では工学（7万人）、女では社会科学（1万2千人）である。外国人学生数が多いのも、男では工学（7千人）、女では社会科学（5千人）である。但し、外国人学生比率の高いのは、男では人文科学（17・5パーセント）、農学（15・2パーセント）であり、

図表2　大学院における学生数と外国人学生数、国別学生数の分布（2015年）

	人文科学		社会科学		理学		工学		農学		保健（医・歯）		教育		その他	
	男	女	男	女	男	女	男	女	男	女	男	女	男	女	男	女
大学院学生数	7,381	10,120	22,913	12,336	14,778	3,964	70,006	9,982	7,917	4,296	15,385	6,912	7,021	6,742	26,242	23,479
外国人学生数	1,288	3,084	4,326	5,377	1,132	633	7,168	2,919	1,154	1,003	929	911	334	851	3,426	4,112
外国人学生比率（%）	17.5	30.5	18.9	43.6	7.7	16.0	10.2	29.2	14.6	23.3	6.0	13.2	4.8	12.6	13.1	17.5
2005年の比率（%）	13.9	21.5	14.7	27.7	4.1	8.0	7.2	20.4	15.2	19.0	5.8	12.4	7.2	14.3	6.1	7.5
国別学生数（千分比）																
中国	20	58	67	102	13	7	87	37	11	11	9	10	6	18	48	66
韓国・朝鮮	4	7	9	7	3	1	15	4	2	1	2	1	1	2	6	9
インドネシア	1	1	2	2	3	2	9	5	3	3	1	2	0	0	3	3
ベトナム	0	2	2	5	1	1	11	4	1	2	1	2	0	0	3	3
タイ	0	1	2	3	1	0	8	5	1	3	0	1	0	0	2	3
台湾	1	3	4	5	0	0	4	1	1	1	1	1	0	0	2	5
バングラデシュ	0	0	2	0	1	0	4	1	2	1	2	1	0	0	2	1
マレーシア	0	0	1	1	0	1	6	5	0	1	0	0	0	0	1	1
インド	0	0	1	0	1	1	4	2	0	0	0	0	0	0	1	1
アメリカ	1	1	2	1	0	0	2	0	0	0	0	0	0	0	2	1
その他	5	6	21	13	6	3	35	11	8	4	7	6	1	1	18	14

（出典）学校基本調査に基づく山本眞一作表

女では社会科学（43・6パーセント）、人文科学（30・5パーセント）であり、分野や比率にかなりの男女差がある。総じて言えば、文系分野での外国人比率が高く、また女の方に外国人比率が高いという傾向が見て取れる。

外国人学生比率については、比較参照の便宜を考えて、10年前の2005年のデータで算出した比率を掲げてある。これを見ると分かるように、教育学の男女および農学の男を除けば軒並みその比率が上がっていることに気がつくであろう。とりわけ女子学生については、2倍に迫る上昇率が見られる分野も多い。男よりも女の方が留学に熱心であるという我が国における趨勢は、外国人学生の場合も同じなのであろうか。そういえば、私がかつて勤務していた広島大学大学院で高等教育を学ぶ大学院生の多くは中国から来た女子学生であったし、私が今勤務している桜美林大学大学院でも、社会科学の分野では外国人留学生とくに女性の留学生が極めて多いという印象である。全国的にもそのような傾向がこの数値から読み取れるようである。

留学生比率急上昇の中で

図表2の下半分は、2015年時点の外国人学生を国別・分野別に見たもので、その規模について全体を1000人とする千分比で示してある。国名はこの年の人数の多い方から順番に選んだもので、中国からアメリカまでの10カ国である。千分比の数値を瞥見すれば分かるとおり、中国からの学生が圧倒的に多く、全体の57パーセントを占めている。また、分野別に眺めると、全体の1割が社会科学を学ぶ中国人女子留学生であり、これに次いで多いのが工学を学ぶ中国人男子学生であることが分かる。また、中国人留学生は男女とも文系分野で学んでいる者が、他国に比べて多そうである。これは、

日中で共有する漢字文化の影響とそのメリットのためであろうか。

大学院での教育・研究で使用する言語は、現状では圧倒的に日本語が多いことが推察される。これは、G30をはじめ様々な競争的資金配分の目標の中に英語のみで修了できるコースを置くことが前提とされていることから考えても頷ける。実際、私が広島大学で見聞きしたところによれば、中国からの留学生は現地では日本語の学習に集中し、来日後、大学院に入学してから専門分野を学ぶものであるそうだ。このことは、逆に考えれば。日本語を学んで留学をしたいと考える学生も多いということであり、安易に英語に飛びつくよりも、日本語およびその学習を外国に広めていくということも、グローバル戦略としてはありうるであろう。米国でさえ、以前サマー・プログラムとしてNSF（米国科学財団）が日本語の訓練を受けた研究生を日本の大学の研究室に派遣していたことを思い出す。

いずれにせよ、さまざまなタイプの留学生が混在する中、大学院に来ようとする学生は、最も研究マインドに富んだ学生であるから、彼らの資質や能力をさらに伸ばせるような教育・研究プログラムを設計することが大事で、急激に高まりつつある外国人学生比率に対応できるような措置を早急に採ることが求められているのである。

（2016年9月26日）

14―3　大学院教育雑感～大学院部長の仕事を通じて

国立大学にはない職位として

　昨年の四月に勤務校の大学院部長に就任して一年が経った。この大学院部長という職は国立大学にはない職位のようで、関係者からどんなお仕事ですかとよく聞かれることがある。というのも、国立大学では大学院の基本的単位は研究科であって、この研究科は同じ大学にある学部とほぼ同等のものと理解されているからである。研究科長と学長・副学長とは直につながっているのが国立大学だと言うことができよう。

　しかし、私のポストの英語名はDean of Graduate Studiesであり、私の勤務校においては、研究科長と副学長の間をつなぐものとして大学院部長が位置づけられている。このように大学全体の大学院課程を一つの大学院（Graduate School）としてまとめ、研究科に当たる各種の教育プログラムをその傘下に置くのは、米国によく見られる形態であり、勤務校の大学院課程もそのような米国モデルに範をとったものと思われる。もっとも、ここでは専門分野に分かれる研究科も存在しており、現在は修士課程として、経営学研究科、言語教育研究科、心理学研究科、大学アドミニストレーション研究科があり、また国際学研究科と老年学研究科はそれぞれ博士前期課程と後期課程を持っている。

　大学院部長としての大きな役割は、それら各研究科の運営の連絡・調整である。月に一回の大学院委員会が、会議体としての連絡・調整の場であるが、その他日常的に研究科長の皆さんと連絡し合うことも多い。また、勤務校のルールによれば、大学院教育を主たる任務とする教員の人事は大学院部長を通じて発議することになっているから、専任・非常勤を問わず人事関係の書類のやり取りに関わり、また予算執行のユニットの責任者として、広島大学時代にはほとんどなかった署名・押印という作業のために、事務室に出入りする仕事も頻繁である。もちろん教育面での役割は大きく、研究科での教育研究に加え、入学式や学位授与式（卒業式）では壇上にあって、修了者の名前を滞りなく読み上げ、また新入生のオリエンテーションでは大学院教育の意義を彼らに伝える役割も果たす。

大学院教育への関わり

思い返せば、私の大学院への関わりにはさまざまな局面があった。最初に大学院と関わったのは、1972年に当時の文部省に入った年、最初に配属された大学課という場所で、大学院の制度改革に関する行政事務を担当させられたことである。一体、役所というところは結構大胆に人を使うところであり、先輩から一週間も居れば担当者としてしっかりと役割を果たさねばならないと言われ、今とは違って研修や執務マニュアルもなく、先輩・上司の仕事ぶりを盗むように観察して、徒弟訓練的にその事務作業を学びとるしかなかったことは、今でも強烈な印象である。また、大学院は当時学部卒の私にとって未経験の教育課程であり、審議会に出てくる大学教授たちが熱心に後継者養成の話をするのをなかなか理解できなかったことを思い出す。

それでも門前の小僧何とかで、段々と大学院というものの性質を理解できるようになり、我が国では大学院は学部と一体として運用されてきたこと、国立大学では一部の有力大学にしか博士課程がないこと、文系の博士学位は容易には授与されないこと、大学院教育は研究者には必要だが職業人養成には有効でないことなど、さまざまな特徴が頭に入ってきた。それらは改革期を迎えようとする当時の大学院が抱える問題のほんの一端ではあったが、その後大学院改革は国レベルとしては急速に進むことになる。私はその大きな流れを本誌第387号（2016年5月16日）に書いているので、それを引用することにしよう。

我が国の高等教育は、高度経済成長、社会の成熟化、知識基盤社会化、グローバル化など社会の変化に合わせるかのように普及・発展を遂げてきた。この変化に合わせて、研究者養成を主要な機能としていた大学院にも高度専門職業人養成など多様な役割が求められるようになり、修士課程についてはl970年代半ばから、博士課程についても1990年代半ばからさまざまな制度改革が試みられてきた。特に修士課程については、1974年の大学院設置基準（文部省令）の制定に伴い、高度の専門職業教育が目的に加えられ、またその後も、夜間大学院の設置を可能にし、修業年限の短縮（標準2年、最短1年）を可能とするなど社会人学生のニーズに応じた制度の多様化・弾力化が進められた。2000年代に入ってからの専門職大学院制度の創設、大学院修士課程および博士課程教育の「実質化」、博士課程における研究機能の増強などと続き、現時点での第三次大学院教育振興施策要綱にあるような改革施策につながっていく。

優秀人材養成のメカニズムの構築

次に私が大学院に関わったのは、私自身が大学院学生となって2年間の教育訓練を受けた時である。1977年に人事院国内研究員制度によって、筑波大学大学院経営・政策科学研究科という修士課程の大学院プログラムに、郵政省、警察庁、会計検査院、東京都庁などの若手官僚とともに派遣され、学生時代にほとんど勉強をしてこなかった経済学や経営工学などの内容やその研究手法を学んだ。学部時代の法学とは全く異なるアプローチに戸惑う毎日ではあったが、それでも若者が持つ気力と体力を振り絞って、何とか経済学修士の学位をもらったのは、私にとって意義ある経験であった。同時に、マスプロ教育の法学部時代とは全く異なる濃密な教育研究指導を受けることによって、これが大学院教育だという一種の刷り込みを体験することができて、結果として現在の職にも通じる私の財産になった。

その後の大学院との関わりは、助教授・教授としてこれまで勤務した埼玉大学、筑波大学、広島大学そして現在勤務している桜美林大学の大学院での教育・研究活動である。とくに筑波大学教育学研究科、広島大学教育学研究科では、教育学における伝統ある大学院として多数の研究者を輩出し、また各地で活躍する専門職業人を養成していることから、大学院というものを総合的に眺め、かつ多数の大学院生と直に向き合うことによって、学びえたことは大きい。

図表　大学院在学者数の推移（国立・公立・私立別）

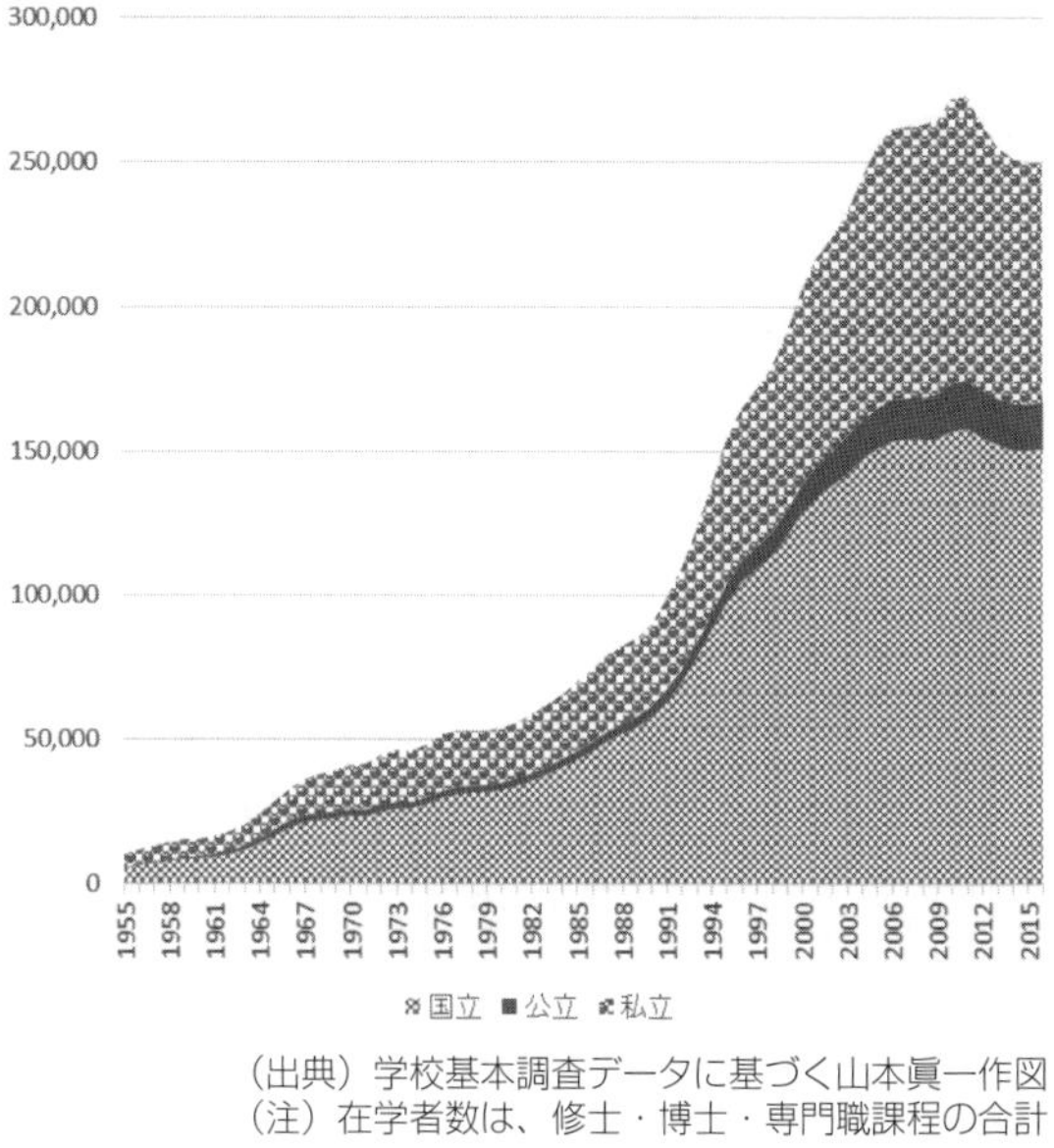

（出典）学校基本調査データに基づく山本眞一作図
（注）在学者数は、修士・博士・専門職課程の合計

さて、我が国の大学院は現在、難しい岐路に立っているのではないかと思う。図表をご覧いただくと分かるように、１９９０年代以来急速に在学者数を伸ばしてきたが、ここへ来て在学者数は頭打ちの状況である。就職問題の深刻化を原因として、大学院進学をためらう優秀な人材が増えているのではないかと心配している。本来大学院には能力も意欲もある優秀な人材が入学し、修了後は社会もそれを大いに評価する、というメカニズムが必要である。これが狂うならば、大学院は高等教育の諸矛盾を一手に抱える溜り場になってしまう。それを避けるにはどうすればよいか、これが大学院部長として考えなければならない最大の任務だと思う次第である。

（２０１７年3月13日）

14—4　大学院サミット～世界の大学院教育の潮流を探る

大学院部長が多数集って

先月（2017年9月）中旬、大学院部長（Dean of Graduate Studies）などの職にある学者・研究者ら約30人が集って「大学院教育についての戦略的リーダーたちのグローバル・サミット」と題する会議が、米国アラスカ州アンカレッジの郊外アリエスカで開催され、私もこれに誘われて出席した。アンカレッジは、20数年前までシベリアの上空が外国航空会社に開かれていなかった旧ソビエト連邦時代、日本とヨーロッパを往復する航空便が必ず立ち寄る空港であった。だが今は、日本からアンカレッジへの直行の定期便はなく、このため米国西海岸のサンフランシスコやシアトルなどを経由して行く関係上、かつてのヨーロッパ並みに遠くなってしまった。今回も、シアトル経由で待ち時間を入れて10数時間の長旅を強いられることになった。

このサミットの主催者は米国の Council of Graduate Schools（全米大学院協議会）という団体である。全米規模の高等教育諸団体が集まるワシントンＤＣのデュポン・サークルに居を構える組織で、1961年の創設である。500余りの米国・カナダの大学院、およびそれ以外の国々の60以上の大学院からなるメンバーシップ制で運営されている。私はこれまで数回、会長を始め関係者とさまざまな場所で会っていて、比較的なじみのある組織である。ただ、今回は全米の会議というよりは、16カ国（事務局の話し）からの参加者を得て、また各大学（院）入学のための統一試験その他大学の教学運営に大きな役割を果たしているＥＴＳ（Educational Testing Service）の支援を受け、まさに国際会議と言うにふさわしい集まりであった。米国はじめ諸外国では比較的一般的な「大学院部長」という職が、研究科ごとの独立性が強い日本の大学にはあまりなじみがなく、この職を持つわが桜美林大学にお鉢が回ってきたものと思われる。

グローバルに活躍しうる人材を

さて、このたびの会議は三日間にわたって行われた。冒頭に挨拶に立った元ノースカロライナ大学教学担当副学長のスザンヌ・オルテガ会長は、概ね次のような挨拶を行った。

11年前にこの種の催しを最初に行った際、自分も会員校の代表として出席したことがある。そのとき自分は提出したペーパーに、大学そしてとくに大学院は、社会の発展やグローバルレベルの不平等の解消に大きな役割を果たさなければならない、そしてそれは大学院で養成する博士や修士の各種人材の活躍振りに係っており、彼らを通じて問題解決を図らなければならない、と書いた。10年以上経過した今日、大学院

写真　会場となったアリエスカ・リゾートホテルと、背景の山々

教育の重要性はますます増しており、大学院は学生にグローバル市民としての能力を身につけさせ、また各国に閉じた政策をより外に開かれたものにする原動力として彼らを教育しなければならない。今日の社会の諸情勢の変化、すなわち技術の進展や人口動態の変化、グローバル化の流れの中で世界の大学院教育がどう変わるかを理解し、各国の大学院改革にもこれらの理解を役立てなければならない。

このように会長やCGSの問題認識の裏には、大学院レベルの人材は博士であれ、修士であれ、グローバル化した世界のいずれの場所でも十二分に活躍しうる人材でありたいという強い願いが感じられ、今回の会議の組み立てにもそれが現れているように思った。すなわち、会議は六つのパネルと呼ばれる部会によって構成され、参加者全員が必ずどこかの部会で発表するという設計がなされていた。一つ目は、グローバルな、また地域の人口動態の変化、二つ目は技術進歩・発展の傾向、三つ目は世代間の相違（米国では世紀の変わり目あたりから活躍を始めた「ミレニアル世代」というものに特別の目が注がれている）、四つ目は文字通りのグローバル化、五つ目は労働力・人材需要、そして六つ目は大学というものの（再）定義、という設計である。主催者側の説明によれば、これら六つのテーマに基づき考察し、意見交換をする中で、大学院教育のありうる未来を創り出し、学生、大学そしてより広いコミュニティーの個別あるいは協働的な行動に影響を及ぼすことが目的であるとされた。

我が国とは異なる問題意識

このような会議の構成は、人口減少に悩む我々日本社会にある大学とは異なり、米国や世界にはこれと異なった問題状況があるからであろう。再び主催者の説明によると、結婚する大人たちが減る中で、世代の異なる者同士の世帯が増え、かつ人種的・民族的多様性が増していると言う。また、その中で18歳から35歳程度のいわゆる「ミレニアル」(millenials)と呼ばれる世代が米国では最大多数を占めているのだそうだ。このミレニアル世代は、それ以前の世代に比べて学習習慣や技術に接する態度も異なり、彼らに対する新しいタイプの大学院教育が必要なのだとのことであった。若者が大多数を占める我が国の高等教育とは異なり、30歳を超える世代をも大学・大学院教育に取り込める米国の大学は、まことにうらやましい限りではあるが、それはそれなりの課題も多くあるように感じた。

同時に、より良い高等教育を求めて国外に進出する多数の留学生の存在も見逃せない。その数百万人といわれている留学生の多くの受け皿となっているのが、米国はじめ各国の大学院である。ある学者の研究によれば、2015年現在、出生国を離れて生活している人々の数は合計2億4400万人で、これは1960年時点の3倍にもなるという。このような人数は、優に超大国の人口に匹敵するものであり、このような中、彼らや彼らの子弟にどのような高等教育機会を用意するかということは、極めて重要な課題である。会議の中で、エジプトからの参加者が難民教育への対応を言い、またその他の参加者の中にも難民への高等教育機会の提供を話題にする者がいたことから見て、これまた日本とは違った見方で大学院教育を論ずる必要があることを感じた。

ちなみにアジア各国の大学は、留学生の獲得に大変熱心である。今回の会議では香港大学やマカオ大学、そして延世大学の大学院部長が出席していたが、香港やマカオは当然、韓国でも英語による授業を用意して、各国から学生を集め、アジアのグローバル大学たらんことを目指している。但し、延世大学からの参加者は、韓国の大企業に就職する際に重視されるのは韓国語・韓国文化の中で仕事が出来るということであるから、一頃に比べて韓国人学生の留学や英語学習熱はすこし冷めてきているとのことで、日本との共通性を強く感じるエピソードであった。私自身は、最後の部会で日本の大学院の特徴とくに学部生に比べて大学院学生が極端に少ない現状とその理由について述べ、学位の価値というものを格段に引き上げないと、大学院の健全な発展が難しいという趣旨の発表を行った。

大学院問題と言えば、すぐに米国や英国の研究大学での科学技術研究や研究者養成のところに目が行きがちであるが、世界の大学院教育はそれらを包み込みつつも、高度な専門職業人教育を通じて、これからのグローバル社会にいかに貢献するかという視点も、大変重要であることを改めて感じた次第である。

（２０１７年10月９日）

14―5　入学者数から見える大学院の課題
～容易化と国際化と

多くなった入試回数

　昨今の大学入試は、夏を過ぎた頃から徐々に始まり、推薦入試やＡＯ入試など様々な名目で多数回行うのが、少なくとも中堅校あたりでは普通である。したがって年がら年中試験をしているような印象が強いが、入試の本番とも言える一般入試は今がたけなわ、忙しい思いをしておられる方々も多いことであろう。では大学院はどうかと言うと、留学生を多数受け入れるためだけではなく、国内の優秀な学生を確保するには、なるべく早く入試をしないといけないということで、国立大学でも年に２回程度は大学院入試をするのが普通であろう。ちなみに私の勤務校の大学院入試は、９月、12月、２月、３月それに秋入学用に６月と、年間５回の実施である。

　もう20年ほど以前になるが、私が筑波大学に勤務していた頃、所属していた教育学研究科の入試は、確か年１回であったと思う（記憶は定かではないが）。また、競争率も他大学からの応募者を含めれば３倍を超えていて、各研究室では少しでも優秀な学生を採ろうと一生懸命であったように覚えている。当時の教育学研究科では多くの学生が研究者志望であり、一定水準以上の能力がないと、修了後に大学教員のポストを得るのが難しいからであった。実際、４割の大学が定員割れで、経営に深刻な影響を与えている学部入試でも、マクロに見ると入試倍率は７倍を超えており、その程度の倍率があって初めて優秀な学生を確保することが可能であるのかもしれない。私の経験則から言えば、大学院においても少なくとも3倍は欲しいところである。但し楽観は許されない。理系分野はともかく、大学院の文系分野では定員割れは普通である。その定員割れ状態の中で、優秀な学生を選抜することは、それこそ至難の業である。

学生確保の重圧

かつては定員割れをしても大学院では優秀な学生のみを採ればよい、大学院はいわばエンプティー・ショーウィンドー（空っぽの陳列窓）であって、とくに私学において、大学院はその大学の大学界での地位を上げるための手段に過ぎないと思われていたのである。しかし、国立大学において大学院重点化が進められ、また法人化や認証評価が実行されるようになって以降、大学院においても定員充足ということが以前よりは厳しく言われるようになってきた。そうなると大学も、優秀な学生が来れば採ればよいなどと悠長に構えてもいられないのは、当然の成り行きである。何とか学生を確保したいという思いは、やがて学生選抜の方法や水準に影響を与えてくる。とくにアカデミックな学問から遠ざかっている社会人学生を確保しようとすれば、入試は書類選考や面接中心ということにならざるを得ない。また、留学生についても数の確保を重視すれば、学力の要求水準についてはある程度目をつぶらざるを得ないということになるだろう。

ただ、人数を集めたい一心で学生を採り過ぎると、あとの進学や就職に大いに苦労することになる。すでに大学院を出ても就職口のない学生が多数に及び、ポスドクつまり博士号取得後も、教員ではなく研究員的位置づけに満足せざるを得ない若者は極めて多い。かつて理学系で大問題になった「オーバードクター」問題は、いまや文系を含めてあらゆる分野に根を張るようになっている。

ここで図表1をご覧いただきたい。過去20年の入学者数や出身大学の情報が、マクロレベルではあるが、学校基本調査から得ることができる。これによると、1997年に比べて2002年では入学者数は確かに増えているが、その後の推移は修士課程も博士課程も横ばい、あるいはむしろ減少気味である。学生も大学院修了後の進路の不確実なことを警戒しているのであろう。また、入学者の出身大学別の推移を見ると、修士課程も博士課程も自大学の出身者の割合が減り、その減少分を修士課程では留学生が埋め、博士課程では他大学からの学生が埋めているという傾向が読み取れるであろう。実際、留学生の数は日本人学生の減少とは相反して近年増加が著しい。その結果、今や修士課程では8人に一人、博士課程では9人に一人が留学生である。但し、これは全体を見た場合にそうであって、個々の分野では全く違った様相がある。

また、図表1で示す「倍率」は、志願者数の入学者数に対する倍率のことであるが、これは選抜度の高さや学生集めの熱心度を反映しているものと考えられる。修士課程においては、自大学出身者のその倍率はかなり低く、かつさ

図表1　大学院の出身大学別入学者数の推移

修士課程	入学者数	構成比（%）			倍率（志願者／入学者）		
		自大学	他大学	外国その他	自大学	他大学	外国その他
2017	73,441	69.2	18.2	12.6	1.24	2.20	2.17
2012	74,985	70.8	19.1	10.1	1.31	2.39	1.87
2007	77,451	69.0	23.7	7.3	1.30	2.33	1.70
2002	73,636	70.5	22.9	6.5	1.35	2.82	1.80
1997	57,065	73.7	21.2	5.2	1.41	3.25	1.95
博士課程							
2017	14,766	61.7	27.1	11.2	1.13	1.34	1.35
2012	15,557	64.3	26.5	9.3	1.15	1.35	1.28
2007	16,926	64.2	25.7	10.2	1.15	1.41	1.26
2002	17,234	67.5	23.4	9.0	1.17	1.53	1.23
1997	14,683	70.7	19.2	10.1	1.19	1.62	1.21

（出典）学校基本調査に基づく山本眞一作表

らに低下する傾向が見られる。他大学からの倍率はやや高いものの、やはり低下の傾向である。一方博士課程においては、そもそもその倍率はかなり低い。自大学では希望者の多くが博士後期課程への進学が容易、他大学や留学生の場合も選抜度は修士課程に比べて低いということであろうか。

分野・課程ごとに異なる現状

図表2は、２０１７年度における分野別入学者をその出身大学の種類別に整理したものである。誌面のスペースの制約があり、また設置者に関わらず共通の傾向があるので、ここでは国立大学大学院への入学者についてのみ整理したことをご了解いただきたい。これによると、人文や社会などの文系と、理学や工学などの理系とは大きく様相が異なることが分かる。まず修士課程においては、人文では自大学出身者はかろうじて入学者の中で一番多いのであるが、私立大学からの学生や留学生のシェアもきわめて大きい。社会に至っては、自大学出身者はむしろ

図表2　国立大学大学院の出身大学別入学者数（2017年）

（修士）

	入学者数	構成比（%）						倍率（志願者 / 入学者）					
		自大学	他国立	他公立	他私立	外国	その他	自大学	他国立	他公立	他私立	外国	その他
人文	1,428	39.7	9.1	2.1	16.8	31.9	0.4	1.37	2.27	2.53	3.23	2.30	2.60
社会	1,821	22.4	10.8	2.1	31.1	32.8	0.9	1.50	2.43	2.32	2.81	3.45	2.63
理学	4,597	77.1	10.2	1.4	7.0	3.8	0.5	1.23	2.14	2.32	2.84	1.62	1.96
工学	20,007	85.2	3.6	0.7	3.5	5.1	1.8	1.19	2.30	1.99	2.51	1.61	1.60
保健	2,603	52.2	10.0	4.3	19.1	6.9	7.5	1.21	1.72	1.50	1.75	1.41	1.35
教育	3,005	43.8	13.3	2.8	30.0	8.6	1.4	1.30	1.84	1.82	2.16	2.14	1.77
その他	10,002	60.3	9.7	1.8	14.3	11.5	2.3	1.23	1.87	2.22	2.29	1.85	1.58

（博士）

人文	448	74.6	6.7	1.3	7.8	9.4	0.2	1.34	2.87	1.17	2.71	2.21	1.00
社会	473	66.2	8.0	0.8	11.8	12.1	1.1	1.20	2.50	3.75	2.63	2.02	2.20
理学	949	81.0	7.6	0.3	2.0	8.3	0.7	1.05	1.21	2.33	1.58	1.51	1.14
工学	1,810	61.4	13.8	0.6	4.9	16.4	3.0	1.09	1.09	1.27	1.17	1.19	1.02
保健	3,719	51.7	21.3	3.4	13.8	6.9	3.0	1.07	1.16	1.31	1.33	1.16	1.50
教育	335	70.1	17.0	0.6	7.5	4.8	0.0	1.46	1.84	2.00	2.36	1.69	-
その他	1,676	73.2	9.2	0.8	5.5	10.3	1.0	1.14	1.95	2.62	2.12	2.18	2.12

（出典）図表１に同じ。「その他」は当該大学院で入学資格を認めた者である。

少数派であって、私立大学からの学生や留学生が多数を占めている。とくに留学生が格段に多いという現実は、普段あまり語られないようであるが、この際とくに強調しておきたい。一方、理系については自大学出身者が大変多く、他大学からの入学や留学生の割合は低い。

国立大学大学院の博士課程については、いずれの分野についても自大学出身者の割合が高い。理学でとくに高いのは、多くが研究者志望であって博士課程を修了することが必要であるからであろう。工学で留学生割合が相対的に高いのは、逆に日本人学生が修士課程終了後、エンジニアとして就職の道を選ぶ傾向を表しているものであろうか。

いずれにしても、大学院入学状況の傾向やその分野ごとの違いは、大学院の学位の社会的評価の高低とも関わる。つまり、グローバル標準で言えば必須とも思える大学院教育が、我が国では企業の雇用慣行や大学院出そのものの認知度などに影響されて、必ずしも高くは評価されていない。評価されていないから、大学院教育の改善が遅い、という悪循環がある。ここにも我が国の大学院が抱える一つの問題が表れているものと考えられよう。

（2018年2月12日）

14―6　日本の高等教育人材養成の構造 ～修士・博士の少なさをどうする？

国際通用性が試される

大学関係者とくに高度専門職や研究職に関心のある方なら、よくご存知のことと思うが、大学で取得できる高等教育の学位の中で、世界に通用するものは博士と修士だけであろう。とりわけ前者はグローバル化する世界で一人前の人材として活躍するには不可欠なものになりつつある。ところが日本では、相変わらず学士が高等教育の中でもっともポピュラーな学位で、しかも研究職以外の職業を目指す場合にはこれが最適の学位だと思われている。いわく博士は専門領域が狭すぎて応用が利かない、またいわく修士に行く者は学士で就職先がなかったからであろう、など学位保持者から見れば甚だ心外な批判が浴びせられるのは、日本的雇用慣行にこだわる大企業の雇用方針にその原因があるのではないだろうか。

しかし学士課程で有名大学を卒業したとしても、それでただちに世界に通用する人材になれるとは限らない。いくら東大法学部卒業でございい、と虚勢を張ってみたところで、大した評価は得られないものだ。それは、その学位なるものが単なる学士であって、その学士は高等教育修了者の中では低学歴の部類に入るものだからである。高等教育の世界標準は、先進国に限れば、中等教育修了をベースにさらに6年間あるいはそれに相当するレベルの教育ということになるだろう。そういうことはずいぶん以前から言われ続けてきたことであるが、日本ではなかなか改善が進まない。しかしグローバル社会が本格的に到来しようという現時点では、これは極めて危機的状況ではないか。まさに日本の高等教育の国際通用性が試されているのである。これは一年ほど前に私がこの連載で書いた記事でも主張したことである（本誌第420号、2017年9月25日）。

先日、新聞記事を見る機会があった。「修士・博士号取得者、日本のみ減少。研究力衰退あらわ。米英など7カ国調査」という見出しの記事である（8月23日付け毎日新聞）。この記事によると、「人口当たりの修士・博士号取得者が近年、主要国で日本だけ減ったことが、文部科学省科学技術・学術政策研究所の調査で判明した」とある。比較は2008年度と最近年度との差分を取ったもののようだ。科学技術関係のさまざまな指標で、日本のパフォーマンスが落ちてきていることが報じられているが、人材育成面でも日本は遅れをとりつつあることの証拠だと批判もしている。

6カ国比較で明らかに

数値が出ている以上、日本における博士・修士の学位授与状況に問題が隠れていることは間違いあるまい。そこで文科省が公表している「諸外国の教育統計」という資料から、この問題がどのように表れているのかを改めて確認することにした。**図表1**は、その結果の一つである。ここでは同省が調査対象にしている日本とアメリカ、イギリス、フランス、ドイツおよび韓国の6カ国のデータが示されている。いずれもOECD加盟国であり、いわば先進諸国の代表6カ国ということになる。

データは学位のレベルに応じて、学士・修士・博士の3段階になっており、分野の分類は図表1の通りである。また授与年は国によって若干異なるが、多くの国では2014年データ、日本は2017年である。年度の違いがあるものの、近年の動向を知る上ではほぼ差し支えあるまい。合計欄は学位授与数の実数、分野別の欄は6カ国合計数に基づく千分比の数値である。国ごとや学位段階ごとの授与数に大きな差異があるのに、なぜそれらすべてを合計した数を基本に千分比を表しているか、疑問に思われるむきもあるであろう。私は、日本における分野別・学位段階別の授与数の規模感を知るには、これが一番適切と考えて、あえて大きな違いがある各国データの合計数を基に比較してみたのである。

その結果を見ると、この6カ国の中でアメリカが過半数に当たる千分の525という多数の学位を出しており、続いてイギリスがあって、日本は三番目に多い千分の121という数であることが分かる。但し、日本の学位の授与状況を見ると、それは学士の学位に著しく偏っており、修士・博士については工学（千分の7）

図表1　各国の分野別・課程別学位授与数

<table>
<tr><th>国</th><th>学位</th><th>計</th><th>人文・芸術</th><th>法経等</th><th>理学</th><th>工学</th><th>農学</th><th>医・歯・薬・保健</th><th>教育・教員養成</th><th>家政</th><th>その他</th></tr>
<tr><td rowspan="3">日本</td><td>学士</td><td>567,763</td><td>18</td><td>35</td><td>3</td><td>16</td><td>3</td><td>11</td><td>8</td><td>3</td><td>7</td></tr>
<tr><td>修士</td><td>72,449</td><td>1</td><td>1</td><td>1</td><td>6</td><td>1</td><td>1</td><td>1</td><td>0</td><td>1</td></tr>
<tr><td>博士</td><td>15,045</td><td>0</td><td>0</td><td>0</td><td>1</td><td>0</td><td>1</td><td>0</td><td>0</td><td>0</td></tr>
<tr><td rowspan="3">アメリカ</td><td>学士</td><td>1,894,934</td><td>72</td><td>119</td><td>30</td><td>35</td><td>7</td><td>40</td><td>17</td><td>5</td><td>27</td></tr>
<tr><td>修士</td><td>758,708</td><td>15</td><td>51</td><td>5</td><td>17</td><td>1</td><td>19</td><td>27</td><td>1</td><td>4</td></tr>
<tr><td>博士</td><td>178,547</td><td>3</td><td>9</td><td>3</td><td>2</td><td>0</td><td>13</td><td>2</td><td>0</td><td>0</td></tr>
<tr><td rowspan="3">イギリス</td><td>学士</td><td>399,820</td><td>14</td><td>22</td><td>15</td><td>6</td><td>1</td><td>10</td><td>3</td><td></td><td>3</td></tr>
<tr><td>修士</td><td>238,810</td><td>4</td><td>17</td><td>5</td><td>4</td><td>0</td><td>5</td><td>7</td><td></td><td>1</td></tr>
<tr><td>博士</td><td>23,345</td><td>1</td><td>1</td><td>1</td><td>1</td><td>0</td><td>1</td><td>0</td><td></td><td>0</td></tr>
<tr><td rowspan="3">フランス</td><td>学士</td><td>187,511</td><td>11</td><td>12</td><td colspan="3">8</td><td>2</td><td colspan="2"></td><td>1</td></tr>
<tr><td>修士</td><td>196,668</td><td>8</td><td>9</td><td colspan="3">5</td><td>2</td><td colspan="2"></td><td>0</td></tr>
<tr><td>博士</td><td>12,086</td><td>1</td><td>0</td><td colspan="3">1</td><td>0</td><td colspan="2"></td><td>0</td></tr>
<tr><td rowspan="3">ドイツ</td><td>学士</td><td>255,702</td><td>6</td><td>19</td><td>7</td><td>11</td><td>1</td><td>1</td><td>1</td><td>0</td><td>0</td></tr>
<tr><td>修士</td><td>113,630</td><td>4</td><td>9</td><td>4</td><td>6</td><td>1</td><td>3</td><td>9</td><td>0</td><td>0</td></tr>
<tr><td>博士</td><td>29,218</td><td>1</td><td>1</td><td>2</td><td>1</td><td>0</td><td>1</td><td>0</td><td>0</td><td>0</td></tr>
<tr><td rowspan="3">韓国</td><td>学士</td><td>338,476</td><td>13</td><td>18</td><td>2</td><td>15</td><td>4</td><td>4</td><td>4</td><td>2</td><td>1</td></tr>
<tr><td>修士</td><td>81,460</td><td>3</td><td>4</td><td>0</td><td>3</td><td>1</td><td>1</td><td>3</td><td>0</td><td>0</td></tr>
<tr><td>博士</td><td>13,882</td><td>0</td><td>1</td><td>0</td><td>1</td><td>0</td><td>0</td><td>0</td><td>0</td><td>0</td></tr>
</table>

（出典）文科省「諸外国の教育統計平成30年度版」に基づき山本眞一作成
（注）計欄は授与数の実数、分野別は6カ国合計数に基づく千分比の数値。空欄は該当なしである。

以外は相対的にではあるが極めて少数に止まっている。一方、これら6カ国の中では圧倒的多数の学位を授与しているアメリカについては、人文や社会、医・歯・薬・保健、教育・教員養成において授与数が突出しているようだが、その他の分野を含めて万遍なく多いという印象があり、また博士の授与数が相対的に他国を圧倒しているようだ。自国民だけではなく、多くの若者にとってアメリカで学位を取得するという選択肢が魅力になっていることを物語るものであろう。

図表２　各国の課程別学位の文系・理系等別学位授与数の割合

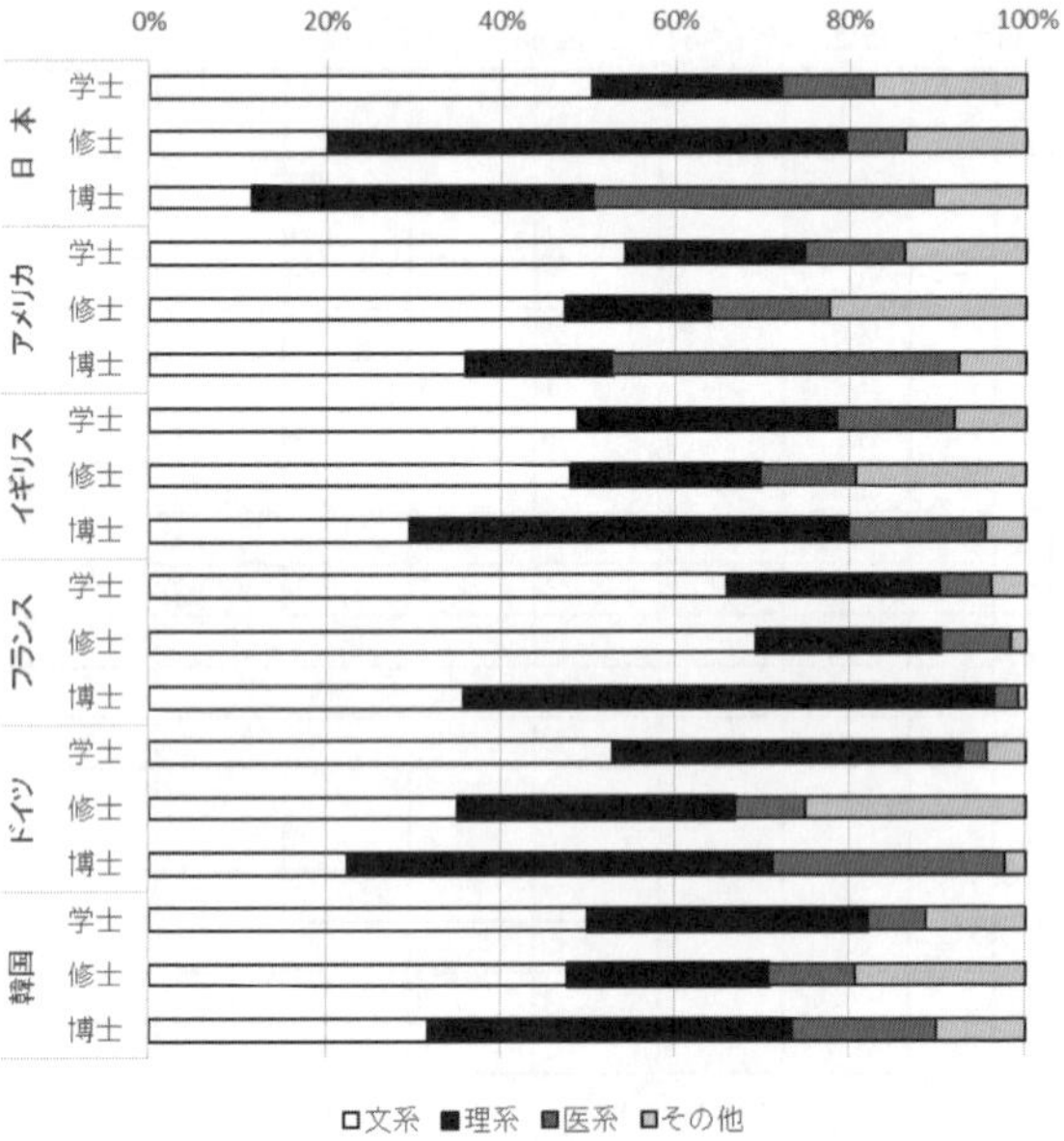

（出典）図表1と同じ。

大学院文系学位の少なさ

さて、授与数だけではなく、分野による傾向をより直感的に知る必要があると考え、図表2を作成した。図表2では国ごとに文系（ここでは人文・芸術および法経等の合計）、理系（理学、工学、農学）、医系（医・歯・薬・保健）、その他の4分類に統合して作図してある。これを見ると、日本における文系学位の相対的な少なさが目につく。多い多いと批判のある学士課程においても、約半数というのは他の5カ国の傾向からすると決して多いものではない。また修士・博士の学位においては、日本の文系が極めて少数に止まっているのが気がかりである。文系の修士・博士が少ないのは、日本の国内事情から考えれば、研究職以外の就職機会が少ないということに帰着するであろう。しかし、グローバル社会を見据えて世界を見渡せば、このような現状は決して看過すべきものではないことは、誰の目にも明らかである。ということになれば、大学も政府も総力を上げて文系学位の増加に努めなければならない。また、科学技術政策の観点からは、理系や医系も同様である。

現在、18歳人口減の中で、日本の高等教育の将来像については、定員割れ対策など私学のあり方に関心が高まっている。また科学技術政策の観点からは、理系や医系以外の領域になかなか陽が当たらない。しかし、この二つの図表から垣間見える現実を考えれば、大学院の充実もまさに喫緊の課題と言わざるを得ない。とりわけ文系の修士・博士学位を増やすための大学院充実策や雇用確保に、関係者はさらに着目すべきではないだろうか。

（２０１８年９月10日）

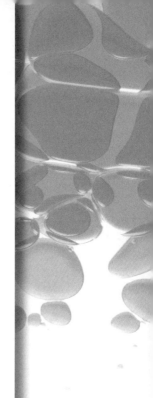

第15章

大学経営人材と職員

15―1　スタッフ・ディベロップメント（ＳＤ）の義務化に思う

今回の設置基準改正の意図

２０１６年3月31日、文部科学省は「大学設置基準等の一部を改正する省令の公布について」と題する高等教育局長名の通知を、全国の大学・短大等の学長・理事長等に対して発し、全ての大学等に「その職員が大学等の運営に必要な知識・技能を身に付け、能力・資質を向上させるための研修（スタッフ・ディベロップメント：ＳＤ）の機会を設けることなどを求めるもの」との趣旨とそれに基づく大学設置基準等の改正が伝えられた。その際、「職員」には、事務職員のほか、教授等の教員や学長等の大学執行部、技術職員等も含まれること、「機会を設けること」については、個々の職員全てに対して一律に研修の機会を設けることを義務付けるのではなく、各大学等の特性や実態を踏まえて、かつ各職員のキャリアパスも見据えつつ、計画的・組織的に判断されるべきこと、ＳＤの機会は、各大学によるものだけではなく、関連団体等が実施する研修に職員が参加する機会を設けることなども考えられること、などが留意事項として述べられている。改正された大学設置基準等は２０１７年4月から施行される。

以上の改正は、中教審大学教育部会での「大学運営の一層の改善・充実」に関する審議を踏まえてのものである。審議の過程では、教員、事務職員に加えて、高度化する大学運営のための専門的業務を行う「専門的職員」を制度化するか否かの議論もあったようだが、諸般の事情から今後の検討課題として先送りされたようだ。また、ＳＤの対象を事務職員だけではなく、教員や役員にまで広げてあるのは、実態を踏まえた正しい議論であると思うが、これまで事務職員の処遇の改善を企図してきた人々には、何かしら複雑な思いがあるのではないか。

いずれにせよ、１９９０年代に始まる大学改革以前の大学においては、「ジム」と呼ばれその存在意義さえ軽視されがちであった大学事務職員について、２０００年頃から急速にその役割重視や能力開発の議論と実践が進んで、ようやくここまで漕ぎ着けたのかと思うと、関係者の感慨はひとしおであろう。私のように、２０００年夏から筑波大学東京キャンパスにおいて職員のための能力開発の啓発セミナーを開始し、いわばＳＤ推進の創始者の一人と自負している者にとっても、このたびのＳＤの制度化は喜ばしいことである。

曲がり角に立つＳＤ推進

なお、中教審の議論の過程で、現行の事務組織について「単に事務を処理することが目的とされているなど」と、事務という活動にネガティブな評価を与えているかのように読める部分があるが、これは必ずしも正しくはない。文部科学省設置法を見ると分かるように、文科省は「大学及び高等専門学校における教育の振興に関する企画及び立案並びに援助及び助言に関すること」をはじめとして、各種の所掌「事務」をつかさどることになっている。このことをもって、文科省の職員を大学事務職員と同列に並べようとする者はいないであろう。要はその事務の内容であって、その意味で事務そのものをネガティブに考える必要はない。問題なのは、事務を「ジム」と言って大学事務職員という個人や集団の呼称として使うことであり、これさえ改めれば事務そのものに罪はない。

さて、以上のような状況を踏まえつつ私が思うのは「SDはいま大きな曲がり角に差し掛かっているのではないか」ということである。それは、次のような理由からである。

第一に、今回の大学設置基準の改正に伴い、大学運営に必要な知識・技能を身に付けることが必要な者として、事務職員だけではなく教員や役員にも制度上の位置づけが与えられたことである。つまり、これまでの関係者の議論の中で漠然と合意されていた教員と事務職員の役割分担というものの垣根が取り払われ、大学運営はそれに適した者がそれぞれの能力・特性などに応じて行えばよいということになったのである。もちろん、役員には高度な経営判断能力が求められるであろうから、細かな運営上の知識や技能は要らないかもしれない。また教員は、教育・研究といういわば本来業務があって、彼らの能力・業績評価は専ら教育・研究活動とその成果によるので、あえて大学運営のノウハウを学ぼうという者は少数かもしれない。したがって、結果として事務職員が運営上の知識や技能の学び手として期待されるということになる場合が多いであろう。

しかし、中教審の議論の過程で文部科学省が行った調査によれば、専門的職員に求める学位レベルとして、法務、教育課程編成・実施、ファカルティー・ディベロップメント、研究管理などの業務については、相対的に博士学位あるいは修士学位を求める意見が強く、その背景には、これらの業務は教員によって担われるべきと考える回答者が多かったからであるかもしれない。少なくとも、これらの業務にはそれなりに高学歴保持者が求められていると言えるので、学士あるいはそれ以下の学位しか持ち合わせのない者（その多くは事務職員）にとって、専門的業務に就くためのハードルは依然として高いのではないか。とくに教員と事務職員との学歴差の大きい国立大学において、双方の協働や役割分担については、現実に即しつつより深く考えることが必要になるだろう。

実際に役立つSDを目指して

第二に、SDの目的として、当該大学の教育研究活動等の適切かつ効果的な運営を図るため、と明示されたことにより、能力や技能の開発が現実の運営に役立つことを従来よりも強く求められるようになったことである。これは最近話題の文系教育が社会に役立つかという難しい問いかけに似た問題構造を持っており、ただ単に研究会・講演会に参加する、あるいは参加させるだけでは済まないということである。近年は、各地で頻繁に研究会や講演会が開催されており、延べ人数での参加者数はそれこそうなぎ上りに増加中であろう。しかし、よく観察してみるといわゆる「常連」とも言えるような参加者が相当数いることも事実である。彼ら・彼女らの勤務校における大学運営への役割がどのようになっているか分からないが、仮にその運営への寄与度が低いということになれば、やがては現実の研究会・講演会の勢いにも影響があろうというものである。会を主催する者にとっても、また研修の機会を与える大学当局も、その辺りを十分に配慮の上、実際にそのような機会を必要とする教職員のより多くの参加を促すような努力をすることが必要である。

第三に、古くて新しい問題として「サブとロジ」のことを考える必要がある。もともとこの用語はさまざまな分野で使われており、ロジすなわちロジスティクスは軍事用語としては「兵站」と訳され、また外務省用語としては、会議、法律、交渉などの内容を扱う仕事をサブ（サブスタンスの略）、会議場の確保、経費管理、弁当調達などの裏方作業をロジと呼んでいるそうだが、ある案件を円滑に動かすには上位とされるサブだけでは不十分で、ロジにも気配りがなければならない。大学運営に当てはめれば、教育・研究活動は世の中に見えやすく、また大学の評価はほとんどこちらの成果にかかっているわけであるが、だからと言って教育・研究活動への支援体制が弱体であると、せっかくの教師・

研究者の能力も十分には発揮されない。全員がサブをやってロジは二の次となれば大学は回らない。そのような意味で、地味な事務作業を含めて、このロジの部分を担当する職員にも十分な動機付けを与えなければ、せっかくの大学設置基準改正もその趣旨を生かすことができないのではないか。大学を含めて、関係者のすべてがこの問題にも十分な配慮をすることが大切なのである。

15―2　大学事務職員の役割とその変化

東大が魅力ある職場に

先日、文部科学省淡青会というものに出席した。文部省および文部科学省からの東京大学事務局勤務経験者と東京大学職員との交流会で、年に一回、東京大学で集まりが持たれている。私自身は、昭和54（1979）年11月から56年3月まで、1年半ばかり東京大学事務局で広報企画課長を務めた。ずいぶん昔の話ではあるが、だからこそキャンパスの変貌を見て余計に懐かしく思う。ちなみに「淡青」というのは東京大学のスクールカラーであり、しばしば京都大学の「濃青」色と対比される。

その淡青会で五神真総長が挨拶して、近年の国の高等教育財政や東京大学の経営問題に触れるとともに、大学事務職員の役割の重要性に触れていたのが印象的であった。総長の話によれば、法人化後およそ360人の職員の新規採用があったが、そのうち240人ほどは東京大学の独自採用によって行われたものだそうだ。独自採用は、東京大学を含めて国立大学の多くが行っている学歴不問の地区別統一採用試験とは異なり、今年でいえば過去3カ年度以内の大卒以上（修士・博士を含む）の既卒者および来年春の卒業見込み者を対象としており、東京大学が職員組織の中核として彼らの役割に期待していることが窺える。また、この中には相当多数の東京大学卒業者が含まれており、かつてはほぼ皆無に等しかったものが、今や彼らにとって東大職員というものが大企業並みの魅力ある仕事に変わりつつあることがよく判る。

これを反映してか、大学のホームページの採用メッセージで、五神総長は「従来の形にとらわれない新しい東京大学職員像を築き上げ21世紀の地球社会に貢献する「知の協創の世界拠点」としての東京大学をともに創っていきましょう」と挨拶し、採用担当の戸渡速志理事は「東京大学の職員一人ひとりの活動の範囲は拡大しています。教育研究活動のサポートだけでなく、産学連携、国際業務、広報活動、卒業生との連携等業務は実に幅広く、皆さんがその力を存分に発揮し、やりがいを感じることのできる場所がいたるところにあります」と述べている。私が東京大学事務局に勤務していた当時と比べて、職員への見方は大きく様変わりである。

教官と職員という図式

私は、高等教育研究という職務柄、時々東京大学の文献を参照することがある。その中で、昭和40年代の紛争時、東大職員が東大教官（教員ではない）からどのように見られていたのかが窺える文章を見つけた。それは昭和44年の「大学改革準備調査会第一次報告書」（いわゆる「改準調報告」、東京大学百年史所収）である。それによれば、大学の構成員を教官・学生・職員の三つのグループに区分した場合、大学機能遂行の条件整備、研究・教育の補助的機能および管理運営上の事務を担当することを任務とする職員は、「自主的判断に基づいて直接、研究・教育を行う主体である教官とは、明確に異なる機能を果たすものである」としている。しかしながら同時に、大学の変貌に伴い職員が置かれた立場も変化し、専門的技能を必要とする職種の職員が不足しているので、そのような職員の「地位や待遇の向上のために制度上、財政上の措置が講じられるべきで」あるとしたり、大学の自治のあり方に関連して、職員の役割や権限を明らかにしなければならないと述べたりしている。

さらに、同報告は「職員の役割の尊重」が必要として、「これまでは職員は教官より一段低い地位にあるかのように遇されることが少なくなかった。教官と職員の間には身分的差別意識がかなり根強く残っているように思われる。それのみならず、学生の間においても、職員の地位を不当に低く評価する傾向が見出される」と述べ、このようなことは抜本的に改められなければならないとしている。また、職員は原則として業務命令の系統下にあり、その職務を忠実に執行する責務を帯びるものであるが、実態に応じて権限の配分と委譲をはかることや、職務上の地位の下位にある者の建設的な意見が上へ流れて、正しく生かされるよう配慮するなど、職員の意欲を向上させるような諸方策が検討されるべきとも提案している。いわば、近年の職員論の原型ともいえるような議論は、多少の古色蒼然さはあるにせよ、すでにこの時期に行われてはいたのだ。

職員の地位向上

但し、議論と実態とは別のようで、私がこの報告書が出されて十年後の昭和54年に東京大学事務局に赴任した折にさえ、この報告書が述べた問題点と同じものがあるのを感じた。課長職やそれ以上の管理職にある職員でさえ、教官の指示には従わざるを得ない雰囲気があった。それは、さらに30年近い歳月を経たつい最近の時点でも変わっていなかったかも知れず、例えば「大学の自治は教員の自治」、「事務からは言えません」など鋭い観察が書かれたＩＤＥ誌からも窺える（ＩＤＥ２００８年４月号、里見朋香氏）。

しかし私が見るところ、大学改革の進展に従い、２０００年前後から事態は大きく動き出している。職員の地位向上と能力開発を求めて、さまざまな動きが活発になってきた。大学行政管理学会の設立や桜美林大学の大学院プログラム（大学アドミニストレーション専攻）の開始などもその好例である。中央教育審議会でも大学職員の立場やその能力開発についてはたびたび取り上げられるようになり、とりわけ平成26年2月の中教審大学分科会審議まとめ「大学のガバナンス改革の推進について」においては、「今後、各大学による一層の改革が求められる中、事務職員が教員と対等な立場での「教職協働」によって大学運営に参画することが重要であり、企画力・コミュニケーション力・語学力の向上、人事評価に応じた処遇キャリアパスの構築等についてより組織的・計画的に実行していくことが求められる。例えば、国内外の他大学、大学団体、行政機関、独立行政法人、企業等での勤務経験を通じて幅広い視野を育成することや、社会人学生として大学院等で専門性を向上させることを積極的に推進すべきである」として、その地位を向上させ役割を重視すべきことを述べている。

自分が動き責任をとる

但し、職員の地位向上と役割重視は、それに見合った職員個人および職員組織の業務遂行能力の向上があってのことである。このたび職員の能力開発（ＳＤ）が義務化されるのも、そのような必要があってのことと理解する。今年11月開催の大学セミナーハウスの研修会において、講演をした元中央大学職員で現関西国際大学事務局長の横田利久氏は、職員の士気を鼓舞する仕組みが大学に求められるとしつつも、職員個人に対しても使命感と当事者意識を持ち、「べき論」を乗り越え、自分が動き責任をとる覚悟で仕事をすることが必要なことを説いた。私もそのように思う。職員は個々の狭い分野の専門職に止まっていてはならない。広く大学運営全般の専門職であるべきで、具体的には問題解決能力のある職員を目指す必要がある。

数十年前の東大文書に見られる大学職員像は、もはや妥当はしないと思うが、それにしても未だに職員のあるべき姿について、さまざまに論じられ続けている背景には、新たな職員像の構築が遅れている、あるいは共通の理解がなくその像が不安定であるという問題があるのではないか。ここは、中堅・若手の皆さんの力を信頼して、ぜひとも新たな職員像を構築してもらいたいものである。

（2016年12月12日）

15―3　事務は誰がやるか？
～職員の役割見直しの動きの中で

付家老としての事務室長？

いささか古い話で恐縮だが、私は10数年前、息子が通う都立高校でPTAの役員を務めたことがある。入学式に出席しその後クラス単位での保護者の集まりの中で、引き受けてしまったことが「運のつき」ということか、学年委員の一人を務めることになり、2年目は本部の役員（副会長）、3年目は会長を務める羽目になった。但し、以前に初・中等教育行政として知っていた高校運営とは違い、半ば内部の人間として日々高校の内実を知ることができたことは、私にとって貴重な経験であり、それは大変良かったと今は思う。

さまざまな経験の中で印象深かったことの一つに、数人いた事務職員中の一人の存在がある。この人は、集合写真の撮影の際いつも校長の横に座る、役員がこの人のことを「事務長さん」と呼ぶと「いや、事務室長です」と声を荒げて訂正する、役員が校長とPTAのことで話をまとめようとすると、一応事務室長の意見も聞いてみないとと校長が言う、など従来の高校の事務職員のイメージと異なるキャラクターにびっくりした。ほどなく知ったことは、都立高校の中でも基幹校の事務体制は特別で、そのトップは事務長ではなく、より上級の事務室長であり、多くは都庁の役人が直接赴任し、また数年で都庁の教育委員会とは全く関係ない部署に戻るのだということだった。公立大学の幹部職員か理事のようなものである。なぜ学校のトップである校長が、教頭に対してよりもこの事務室長に対して遠慮がちなのか、また本人も命令権の所在が校長からではなく、直接教育委員会からあるものと思っているかのようなふるまいであったのか、がよく分かった。

かつて江戸時代には「付家老《つけがろう》」という職があった。これは文献によれば「江戸時代、幕府から親藩たる三家・三卿に、また諸藩では本藩より支藩に、藩主・藩政の指導監督の目的で付けられた家老職。なかでも著名なものは三家の付家老で、尾張徳川氏の成瀬隼人正家（尾張国犬山、3万5000石）、竹腰（たけのこし）山城守家（美濃国今尾、3万石）、……を指す」（世界大百科事典第2版）とある。まさに、私が不思議に思った事務室長は、現代の付家老のようなものであったのであろう。

学校運営チームの一員として

ところで現在、初・中等教育学校の事務運営にはさまざまな面で改革が加えられようとしている。中教審は2015年12月に「チームとしての学校の在り方と今後の改善方策について」という答申を取りまとめたが、その中で学校のマネジメント機能の強化の一環として、管理職の適材確保、主幹教諭制度の充実と並んで「事務体制の強化」が挙げられている。その中心にあるのは、事務職員の職務の見直しであり、総務・財務等に関する事務以外の職務（地域連携や学校評価危機管理等）にも積極的に携わるなど、専門性等も生かしつつ、より広い視点に立って、副校長・教頭とともに校長を学校経営面から補佐する学校運営チームの一員として役割を果たすことが期待されるとしている。

私なりにこれを解釈すれば、初・中等教育学校の事務職員は、総務や財務など従来の事務のみを取り扱う職員ではなく、校長を補佐して学校の運営そのものに当たる職員となれ、ということである。間違っても「付家老」を作ることではないだろう。しかし、ここには大学の事務職員に見られる教員の教育活動の支援という要素はほぼゼロに等しい。これらは実習助手や技術職員、用務員の仕事と捉えられていて、役割分担がクリアである。その分、教頭や一般教員の事務負担が大きいことになる。事実、この答申においても「教頭は事務業務の負担が非常に大きく、校長の補佐や人材育成等の業務を十分に果たしていくためには、教頭の業務の改善を図っていくことは不可欠である」と述べられているほどである。実際には、図表に示すように教員／職員比が、小・中学校で大学のほぼ10分の1、高校でも5分の1という小ささであり、大学でいう教務や各部局の事務職員の役割までも果たすことは物理的にも無理だということであろう。

翻って、大学の事務職員のことである。現在、中教審において、事務職員の法令上の規定の見直しを含め、その在り方の審議が進められている。その背後には、事務職員の業務の変化がある。昨年（２０１６年）12月の大学教育部会で配布された資料では、ジョイント・ディグリー・プログラムの推進、高大接続改革、大規模な産学連携の推進などの事例から、事務職員について、「単に指示された事務を処理するような業務のみに従事するのではなく、既に大学における様々な取組の意思決定等に参画し影響を与えている」として、事務職員、事務組織、教職協働について法令上の規定を見直す必要があるとしている。とくに事務職員の規定については、「一定の責任と権限を持って職務に従事するという趣旨を明確に」すべきと述べているのが注目される。また、「学長のリーダーシップを強化していくため

図表　学校別教員・職員数と比率 2015年 学校基本調査より

	教員数	事務職員数	教員／職員比
小学校	417,152	24,153	17.3
中学校	253,704	14,018	18.1
高等学校	234,970	24,036	9.8
短期大学	8,266	3,922	2.1
大　学	182,723	86,146	2.1

には、単なる事務をするというこれまでの位置付けから、学長や学部長を補佐し、教育研究支援をしていくという位置付けに転換していくことには重要な意義がある」、「教育研究は教員だけのものとされ、職員が単なるサポートの地位に押しとどめされているという在り方が問題」などの意見が会議で述べられているという。

従来事務と足腰の強さ

私が思うに、これらの議論の中では「事務」という用語に対する否定的見方があるようだ。しかし、文部科学省設置法においても、その第4条に「文部科学省は、……次に掲げる「事務」をつかさどる」とあって、さまざまな行政事務を列挙している。事務には高度なものもあれば単純なものもある。したがって、問題は事務という用語を排除するのではなく、その事務に対する偏見を改め、事務に従事する職員の地位や役割を尊重し、能力の高低に関わらず、彼らのやる気を惹起せしめることこそ大事なのではあるまいか。確かに近年、能力も地位も向上が著しい一部の大学事務職員が、「事務」の領域を超えてさらに活躍したい、と願うのは当然のことであろう。他方、組織の運営にとって、従来から営々と行われてきた事務も、必要不可欠の仕事であると私は考える。

たとえ単純と思われようとも、事務の堅実な実行によって強化される組織の足腰は、高度な教育・研究・社会貢献業務の遂行にとって隠れた強みである。全員が意思決定業務というオモテの舞台に出てしまっては、舞台裏の大事な仕事がお留守になってしまう。攻めだけに資源を投入して守りの体制を軽視することは、組織の弱体化につながる。米国の研究大学では教員よりも事務職員が数倍多くいるという事実は、そのことを如実に示すものであり、彼の組織においても専門性の高い仕事をしているのは、その中の一部であるということを、この際再確認しておく必要がある。制度の改正をするにも、すべての事務職員がこうあるべきではなく、能力や立場の高い職員については、意思決定にも参画しうるような仕事ができるような書きぶりにすべきであろう。さもなければ、小・中学校の職員の少ないこと、代わりに教頭や一般教員が事務の多くを負担しているという現実を財務当局から逆手に取られれば、却って事務職員数の削減の引き金にもなりかねない。これが杞憂に終わることを心より願う。

（2017年1月30日）

15－4　職員の能力・役割を高めるために
～日米比較からの含意

私は、1990年代から2000年代にかけて、高等教育や科学技術システムの比較調査のため、しばしば米国の大学を訪問してきた。調査以外に研究発表のための会議出席を含めると、90年代に16回、2000年以降は17回を数える。この訪問に要した日数は、往復の旅程を含め延べ296日になるので、この四半世紀の間に大体10カ月近く米国に行くために旅行を重ねたことになる。一回の日数はそれほどではないが、年月の積み重ねでその合計は結構大きくなるものだ。これに80年代に一年間、連邦政府のNSFに滞在した日数約300日を加えるとさらに数字は大きくなる。

ただ、私はここで米国滞在日数のことを書くわけではない。多数回の渡米は、すなわち多数回の大学や政府機関の訪問につながるので、そこでは調査内容や会議議題のほかに、何となく気づく米国の特徴があり、これをこれから論じようとする職員の役割に結びつけてみようというのが本稿の目的である。

日米で異なるオフィス環境

米国の大学や政府機関を訪問された方ならお気づきのことであろうが、先方の仕事場すなわちオフィスのレイアウトは、我が国のそれとかなり異なる。我が国でも大学の専任教員であればほぼ全員が「研究室」と称する個室に入っている。これは日米でほぼ同じである。もっとも私の見たところでは、我が国の文系教員の研究室は専門書を含めて雑多な図書・資料で溢れかえっていることが多いのに、米国の同じ分野の教員研究室は、大抵はいたってシンプルで、図書なども大変少なく、その代わり壁や机上に家族の写真などを飾っている人が非常に多いという印象がある。また、パソコンを使うのは同じだが、米国の方が何事につけ大きいものが好まれるのか、ディスプレイも大きく、また複数の画面を眺めながら仕事をしている人も多い。さらに執務中は、個室といえどもドアを開けている人がほとんどで（おそらく何らかの理由による）、我が国でドアガラスなど少しでも外から見られそうな箇所があれば、ご丁寧に内側からカレンダーやポスターなど貼り付けるのとは大違いだ。

一方、事務室の方はどうかと言えば、教員を直接支える秘書や助手の場合はともかくも、一般のいわゆる「事務室」の構造は日米で大きく異なる。我が国では事務室は大学も官庁も同じく大部屋で、一部の管理職を除けば個室は与えられない。一方、米国の平均的なオフィスは、元は部課を単位とする大部屋なのだろうが、これを細かく区切り、管理職や専門職として位置づけられるような人は、若くても個室が与えられており、さらに一まわり大きな個室（二部屋続きの場合もある）にいるのが部課長クラスのディレクターである。また、残りのスペースすなわち大部屋（但し、大抵はパーテーションで一応は区切られている）にいるのは秘書や事務作業員などの支援スタッフであろう。昔、文部省と米国NSFの人事交流で来日したNSF職員が、文部省の大部屋を見てすばらしいと思ったのか、帰国後、自分のセクションのトップとして、部下のデスクのレイアウトをパーテーションなしの大部屋風に変えてみたところ、部下の不満がつのってすぐに元に戻さなければならなかったという話を、本人から聞いたことがある。米国人いや欧米人の場合、人と人とが密着するような環境で仕事をするのはストレスの元になるようである。

職員も職員が支える

我々が大学を訪問して、教員ではなく職員と面会を取り付けて話をするとき、その職員というのはほとんどの場合、部課長や個室に入っている職員である。しかしこれを見て、米国の事務職員は我が国のそれと比べて好待遇だ、専門性が確立されていると早合点するのは考えものである。それは個室でないスペースで働く職員の多さを見ただけでも想像できるように、個室にいる職員は、職員の中の一部、いわば中・上層の職員であって、

図表　大学教職員数の日米比較（2014）

米国		日本	
教員総計	791,391	教員総計	187,300
		学長	962
		副学長	1,158
教授	181,530	教授	71,910
准教授	155,095	准教授	44,759
助教授	166,045	講師	22,107
講師	136,032	助教	40,143
その他	152,686	助手	6,261
職員総計	1,681,056	職員総計	227,476
図書	37,666		
教務・教育サービス	100,110	教務系	4,589
経営管理	244,848		
財務運営	178,561		
コンピュータ・技術・科学	210,155	技術技能系	9,394
地域貢献・法務・広報等	135,174		
医療業務・技能	94,854	医療系	124,804
各種サービス	200,353		
営業関係	12,503		
事務・管理支援	379,996	事務系	84,745
営繕	70,692		
製作・運転・運搬	16,144	その他	3,945

（出典）米国：Digest of Education Statistics, 日本：学校基本調査
（注）日本では講師・助教はAssistant Professorと英語表記されることが多いが、米国内における教員の序列を考慮して、米国のそれは意図的に「助教授」と表記。

彼らの仕事はその他大勢の職員によって支えられているのである。職員は教員の活動を支えるだけではなく、中・上層の職員の仕事を支えているのも職員だということを忘れてはならない。つまり、米国の大学の職員構造は、政府機関などと同じく我が国よりも階層構造がはっきりしていて、したがって効率性はさておき、指揮命令系統が明確である。私の個人的観察で言えば、彼らはいつも「誰にレポートするか」つまり誰の指示によって働き、誰を指揮するのかということを気にかけているように思う。

一昨年になるが、私が旧知の古井貞熙氏（東工大名誉教授・文化功労者）が、日米の四つの大学（東大、東工大、シカゴ大、スタンフォード大）を比較して、専任教員一人あたりの学生数はほぼ同じなのに、一人あたりの専任職員数は、我が国の場合それぞれ0・56人、1・41人、米国のそれは4・78人、5・29人というように、米国では多数の職員によって支えられていることを明らかにしたことがある。教員が研究や教育に専念するにはこの大きな差異を考慮すべきだというのが主張のようであった。これに触発されて、私が国レベルでの大学教職員数の比較を試みたのが、**図表**の数値である。

少ない事務職員数をどう考える

図表を見るとお分かりのように、米国の大学全体で教員数はおよそ80万人、対する我が国ではおよそ20万人でその比率は4対1である。これに比べ、職員（あるいは非教員）の数は米国ではおよそ160万人、我が国は大きく丸めると20万人でその比率は8対1である。米国における教員・職員比率は1対2であるが我が国では1対1と見ることができるだろう。しかもその相対的に少ない職員の過半数は附属病院の看護師その他の医療関係職員である。これに対して米国では、網掛けした部分の職員が我が国でいう事務職員のカテゴリーに対応していると思うが、その数が非常に多く、しかも経営管理や財務運営の欄の職員あるいはコンピュータや法務・広報欄の職員が中・上層の職員を多く含むと思われるのに対し、彼らを支える職員も事務・管理支援関係だけでも我が国の4倍以上に及んでいることが分かる。

我が国には「少数精鋭」という言葉があり、数が少ない部分を質で補おうという発想が強い。それはすばらしいことではあるが、精神主義に陥って何でもできるかのような錯覚の中で、種々雑多な仕事に振り回されて、能力開発も事務処理も中途半端に終わり、結局何も変わらないということにならないであろうか。このあたりの現実に、格別の考慮が必要ではないかと思う次第である。

（2018年1月29日）

15―5　大学経営人材の能力開発 ～高等教育学会シンポジウムを開催して

職員論の展開を振り返る

この20数年間にわたる大学改革の中で、多くのことがらに大きな変化があったが、その一つに大学事務職員の位置づけに関する人々の意識があるだろう。１９９０年頃以前の大学にあっては、多くの大学関係者にとって「大学人」というのは「教官と学生」のことであって、職員は彼らの活動の支援要員としか理解されていなかった。私は何度も書いているが「ジム」という嫌な言葉は彼らの理解の実態を象徴するものであった、と今でも信じている。

その後、１９９０年代後半になって、高等教育研究を専門とする日本高等教育学会、私立大学の幹部事務職員を中核的構成員とする大学行政管理学会が設立され、この分野の研究が従来の学問領域とは異なる独自のものとして認知され始めた。また私自身が２０００年に筑波大学で「大学経営人材の養成を目指して」と題する集中公開研究会を立ち上げ、２００１年には桜美林大学に大学アドミニストレーターの養成・訓練のための我が国初の大学院プログラムが開始された。この頃から状況が大きく変わり始めたのである。大学職員の学内外における認知度が高まり、職員の中にも自己の持つ能力を激動する大学経営環境の中で活かしたいと思う者が増えてきた。職員自身が彼らの存在意味を主張し始め、またそれにふさわしい能力を身につけるために勉強を始めたのである。ほどなく中教審で大学職員のあり方について議論が始まり、その結果は２０１６年および17年に相次いだ法令改正にまで及んだ。いわゆるＳＤ（スタッフ・ディベロップメント）の義務化と教職協働の制度化がそうである。

このような変化を踏まえ、今年（２０１８年）６月２日、３日に桜美林大学町田キャンパスで、１５０名を超える参加者数を得て開催された日本高等教育学会第21回大会のシンポジウムでは、「大学経営人材のプロフェッショナル化をどう進めるか～ＳＤ・教職協働の制度化を踏まえて～」と題するテーマが選ばれた。大学職員を含む大学経営人材のあり方をテーマとするシンポジウムは、この学会の20年余の歴史の中でも始めてであった。大会プログラムによれば、このシンポジウムの趣旨は、①大学経営人材の能力開発については、実務上も研究課題としても注目を浴びるようになっていること、②大学・大学院段階での教育訓練や、関連学会等での研究が蓄積されつつあること、③ＳＤの義務化や教職協働が制度化されたことなどの状況を踏まえ、大学経営人材のプロフェッショナル化を進めるために必要な研究・政策・実践課題について議論を展開する、とある。この課題を巡る状況が成熟するにつれ、従来の職員論にない新たな視点も期待されるものであった。

写真　シンポジウム風景

教員・外部人材も含めて

さて、シンポジウムの内容を振り返ってみよう。シンポジウムは大会開催校のイニシアチブで行うのがこの学会の慣例になっているので、大会実行委員長である私が司会者の役を務めた。始めに問題提起として、シンポジウムの趣旨を述べるとともに、職員論の進展を２０００年代初頭の状況から振り返り、また近年の政策動向を概観し、さらに大学経営は役員・教員・職員等の協働によって行われなければならないこと、しかしながら、日米比較からみて、教員数に対して少ない職員数の中、日本ではどのようにしてプロフェッショナル化を進めるかが課題であることを述べた。

次に三人の発表者がそれぞれの議論を展開した。まず東京大学（以下、所属はプログラム記載による）の両角亜希子氏からは、「大学経営人材の現状と課題」というタイトルでの発表が行われた。同氏は、大学経営人材というのは大学職員の能力や地位の向上の意味合いだけではなく、もう少し広い定義で捉える必要があるとして、職員、教員、外部人材の三つの出身者別に、同氏の行った調査に基づく興味深い分析結果を紹介した。その結果、職員については、「人事制度、個人での学習も進みつつあるが、さらなる進展が必要」、「職場・上司の認識不足の問題はまだ大きい」、教員については、「教員出身管理職をどのように育てるのか早急の議論と実践が必要、副学長向け研修は充実してきたが、学部長対象はほとんどない」、外部人材については、「とにかくうまくいくというのは幻想」、「どのような役割を期待するのかを明確化したうえで、一定の教育訓練が必要」と結んだ。

立教学院の寺﨑昌男氏は、かつて桜美林大学大学院・大学アドミニストレーション専攻の創立に関わった経験に基づき発表を行った。創設時の苦労の中から気づいたこととして、職員のリテラシーとしては、①大学という組織の特質、②自校理解、③大学政策、科学技術政策の理解が必要であり、さらに企画立案能力の育成という関係者からの要請の大きさに比べて、その要請の（内容の）不分明さや育成方法の不在の克服が大事であると述べた。

大学経営のあり方とも関連

文部科学省の義本博司高等教育局長は、大学教育を巡る状況と高等教育行政の動向について、詳細な資料に基づいて解説するとともに、事務職員の在り方に関して、①事務職員の現状、②制度改正の動向、③人材育成（SDの現状）、④教職協働の現状、⑤外部人材の活用、⑥今後の展望、の六点にわたって触れ、事務職員・事務組織がこれまで以上に積極的な役割を担うこと、実践的なSDを充実させることが必要であること、教職協働を進めながら、学長のリーダーシップの下で組織全体としての総合力を発揮することが必要であること、外部人材を積極的に活用していく取組も必要との考えを示した。

指定討論者である大学入試センターの荒井克弘氏（本学会の会長）は、三人の発表を振り返るとともに、職員・外部人材の経営参画は進んでいること、IRやURAなど新しい職種（教員・職員職種）が誕生していること、しかし教員の意欲低下など教職協働のアンバランスがあること、学長のリーダーシップとともに下からのリーダーシップも必要であることなどと述べ、最後に「学長のリーダーシップの尺度が行政への忠実度であってはならないこと」、「教員が大学経営から遠くへ追いやられつつあるように感じる」など、今後の大学経営とそれを担う人材のあり方を考えるのに極めて重要な所見を述べたのが印象的であった。

その後は、フロアとの質疑応答に移ったが、20数件もの質問紙の提出があった。内容は質問者の多様な問題意識を反映して、バラエティーに富んだものであり、一言で要約するのは困難であるが、概ね、①職員・教員・外部人材に期待されることがらや活用の方法、②能力開発の手法や内容、③教職協働のあり方に分かれるような印象を持った。司会者としての私は、それらの質問紙の中から主なものを選んで、該当する発表者にこれを紹介し回答を得るようにした。なお、私の冒頭の問題提起である教員／職員比率の日米格差に関しては、質問紙の一つに「職員数の少なさという問題の重要性を強く意識しておく必要がある。これをＳＤや情報の共有、人事政策の工夫でどれほどカバーできるものか？」という問いかけがあったが、私個人としては極めて示唆的なものに思えたことを付記しておきたい。

最後に、発表者と指定討論者から短い締めのコメントをもらって、３時間に及ぶシンポジウムを閉じた。このシンポジウムで話し合われたことは、このままにしておくのではなく、これを出発点として大学経営人材論の更なる発展につなげたいものである。

（２０１８年６月25日）

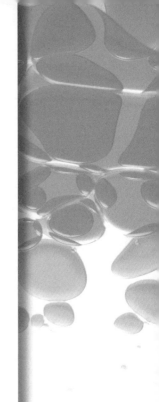

第16章

これからの大学

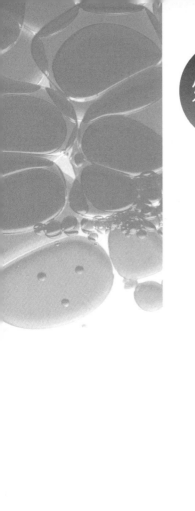

16―1　学会というもの
～高等教育研究と研究者等の交流の場として

日本高等教育学会の目的

前回の連載（本誌第412号、2017年5月29日）で、日本高等教育学会の大会に出かけたときの話を取り上げた。この学会は、1990年代に行政から学界に移り、大学教員として活動をしてきた私にとって、学術研究の拠り所である。1997年の設立の際、発起人20名の一人に名を連ね、理事・編集委員長・事務局長・会長という役目も果たしてきた。大学教員の多くは、勤め先の大学よりも所属する学会にアイデンティティーを感じているというのは、広島大学にいた有本章先生の研究チームが行う「大学教授職の研究」においても明らかにされているが、実際、学会大会に出てみると、少しでも研究業績を積もうとする各地の大学に勤める若手の研究者たちが、こぞって研究発表をする姿が目に入る。同時に高等教育研究と実践との深い関係からか、近年は大学職員や大学関連業界の人々も多く会員として入会し、さまざまな研究活動を側面から見守る様子も目立つようになってきている。これを見るにつけ、学会はさまざまな立場の人々が集まることによって得られる情報交換の場としての意味合いもあることが分かる。

ところでそもそもの日本高等教育学会の設立の目的はどのようなものであったのであろうか。1997年の学会設立時の「設立趣旨」には次のように謳われている。

「変動の時代をむかえて明らかになった高等教育研究に係わる諸問題とその研究の重要性を考える

とき、学問領域の違いをこえた研究者等の結集と交流をはかり、研究の理論的、方法的基礎を強化し、研究の一層の深化発展をめざすとともに、その研究成果の普及を図り、実践的、政策的課題の解決に寄与するために、学会の設立は重要な課題となりつつあります。」

これをうけて、学会会則では「本会は、高等教育研究の推進及び研究成果の普及並びに会員相互の研究交流の促進を目的とする」と規定されたのである。本学会は今年創立20周年を迎えたが、ちょうど5年前の創立15周年のときに発行された記念誌に「高等教育学会会員調査」と題する興味ある調査報告がある。この調査で、会員を入会年次に応じて、①学会設立時の１９９７年、②翌年から２００４年までの７年間、③２００５年から２０１１年までの７年間に分けて考察したところ、会員プロフィールにおいて、事務職員の増加、若手会員の伸び悩みという特徴が見られ、また学会設立時の会員は、日本教育社会学会や日本教育学会の会員からの入会が多かったものの、その後の会員は大学教育学会との同時入会者が多いこと、会員の研究関心として、歴史、制度など伝統的な分野が低下し、ＦＤ、ＩＲ学生生活など今日的な課題が上昇していること、などが指摘されている。

学会の果たす役割

さて、そもそも学会というところはどのようなものなのであろうか。Ｗｅｂ上で手軽に参照できるウィキペディアの執筆者は、学会というものについて、「学問や研究の従事者らが、自己の研究成果を公開発表し、その科学的妥当性をオープンな場で検討論議する場である。また同時に、査読、研究発表会、講演会、学会誌、学術論文誌などの研究成果の発表の場を提供する業務や、研究者同士の交流などの役目も果たす機関でもある。」としている。確かに、これは私が関係している日本高等教育学会についても当てはまることである。また、日本学術会議が２００５年に設けた「日本学術会議協力学術研究団体」という制度によれば、この学術研究団体の指定を受けるには、①学術研究の向上発達を主たる目的として、その達成のための学術研究活動を行っていること、②活動が研究者自身の運営により行われていること、③構成員（個人会員）が１００人以上であり、かつ研究者の割合が半数以上であること、④学術研究（論文等）を掲載する機関誌を年１回継続して発行していること等の要件が必要だとのことである。ちなみに、**図表**にまとめた高等教育関係学会の多くは、この制度による学術研究団体の指定を受けている。

それでは会員の立場からみて、学会の役割は何であろうか。もっとも大きな役割は、研究者としてのアイデンティティーの拠り所であろう。近年の大学教育の大衆化の中、大学の役割・機能は多様化し、もはや研究活動が当該大学の仕事とは言い難い実情に直面している大学も多いことと想像するが、そのような大学にあっても研究活動継続の意欲を維持し続けるには、学会所属が大いに励みとなるに違いない。

第二に学会に所属することは、他の研究者に知られるチャ

図表　高等教育研究に関する主な学会と2017年度の大会日程・場所

学会名	設立年	会員概数	2017年度大会	大会開催場所
日本高等教育学会	1997	700	5月27－28日	東北大学
大学教育学会	1997	1,200	6月10－11日	広島大学
日本比較教育学会	1965	900	6月23－24日	東京大学
日本教育学会	1941	2,900	8月25－27日	桜美林大学
大学行政管理学会	1997	1,400	9月2－3日	西南学院大学
日本教育行政学会	1965	600	10月13－15日	日本女子大学
日本教育社会学会	1950	1,400	10月21－22日	一橋大学
研究・イノベーション学会	1985	900	10月28－29日	京都大学

（出典）日本学術会議その他「学会名鑑」および各学会のWebページ

ンスを大きくする。以前ある米国人学者が言っていたのは、研究費が取れる研究者は「どれほどあなたは有名なのか」という問いに答えられる実績と知名度を持っているとのことであったが、その知名度を得るには学会に出て良質の研究成果を発表し、さらにこれを学会誌に投稿・採択されることが必要である。

さまざまな学会がある中で

第三に、学会大会に出ても発表しない会員も多いが、彼らにとっても最新の高等教育研究の動向を知り、あるいは大学改革の懸案事項を理解できる絶好の機会と思う者が多いに違いない。また人脈作りの点でも学会大会出席は極めて効率的である。大会のたびに開催される懇親会に、多くの参加者が集まるのもそのためであろう。

但し、高等教育に関する学会は、日本高等教育学会だけには限らない。図表にまとめたように、高等教育に特化した学会は、ほかにも大学教育学会と大学行政管理学会がある。また、大学の研究機能という面で高等教育に隣接する研究・イノベーション学会もある。私自身、この学会が研究・技術計画学会と呼ばれていた時代に、理事や会長を務めた経験がある。そのほか、日本教育社会学会や比較教育学会では、従前から高等教育に関する研究発表があり、それは今も多い。

これらの学会はそれぞれ設立趣旨も違うが、学会を活用しようとする研究者や大学事務職員にとっては、研究発表の場が多いということはありがたいことであるし、また高等教育事情をより幅広く知るためにも有益である。問題は、これらの学会が次々と大会を開いていくので、時間と費用の兼ね合いで出席学会を考えねばならないことである。近年、文系の研究者に大学から配分される研究費は減少気味、まして事務職員の場合は私費で捻出せざるを得ない場合も多いことであろう。
　さて、先月の学会大会において、来年（2018年）度の日本高等教育学会の大会は、私の勤務校の桜美林大学が引き受けることに決まった。2000年度の学会大会の開催校でもあるので、これで2度目のことになる。昨今の大学問題を巡る様々な議論にもあるように、高等教育の今後については人々の大きな関心事であるので、これらの期待に応え得るような学術研究活動の発表・交流の場となるように努力をしたい。当方としては、来年6月2日（土）、3日（日）の開催を予定して準備に入りつつあるので、読者の皆さんも奮って参加をお考え願いたい。

（2017年6月26日）

16―2 高等教育の将来構想
～その策定に必要な規模をどう考えるか

将来像答申以来の検討始まる

私自身を含め、大抵の人間は歳を取ると過去を振り返りたくなるものだ。自身が回想録を書く人もいれば、周りの人間がさまざまな目的でそれを勧め、顕彰と称してさまざまな企画をするのも、過去の栄光というものを大切にする人間性に根ざしたものなのであろう。一方で、老人の繰言と皮肉られるのは面白くない。何時になっても未来志向でいられることは素晴らしいことである。私の身の回りにも、たとえば天城勲元文部次官は幾つになっても常に未来を語られることで有名であった。私はＯＥＣＤなどの国際会議の準備や放送大学の設立などの実務に止まらず、高等教育研究を通じてさまざまなことをこの元次官から学ばせていただいた。私が文部省勤務時代に最後に籍をおいた調査統計課には、この課の出身者による研究者の集りがあるが、調査課の大先輩である天城氏が90歳を超えてもこの集まりに出席され、一同大いに勇気付けられたことをつい昨日のように思い出す。

未来志向は、将来構想の策定態度にも通じる。高等教育とて例外ではない。中央教育審議会では、２００５年にいわゆる将来像答申を出しているが、このほど文部科学大臣から「我が国の高等教育に関する将来構想について」と題する諮問が行われ、大学分科会に将来構想部会を置いて、今年（２０１７年）５月から審議が始まっている。その諮問の背景となる社会経済の変化について、諮問は「第４次産業革命」の到来と18歳人口の減少を挙げ、その上で「高等教育機関が求められる役割を真に果たすことができるよう、これまでの政策の成果と課題について検証するとともに、高等教育を取り巻く状況の変化も踏まえて、これからの時代の将来構想について総合的な検討を行う」としている。

検討事項として諮問が挙げているのは、①各高等教育機関の機能の強化に向け早急に取り組むべき方策、②変化への対応や価値の創造等を実現するための学修の向上に向けた制度等の在り方、③今後の高等教育全体の規模も視野に入れた、地域における質の高い高等教育機会の確保の在り方、の三点である。おそらく高等教育関係者が最も気を揉んでいるのは、③の高等教育全体の規模と地域配置のことであろう。しかしこれは東京と地方、あるいは大規模大学とその他の大学など多くの局面での利害が対立するものであり、部会の議論はこの部分を睨みつつも、①と②を中心に回っていくのではあるまいか。③は、文部科学省所管の行政分野に止まらない様々な政治的な火種を抱えているから、議論は容易にまとまりそうにはないからである。公表されている議事録は第1回会合のみで、この日は事務局による資料説明が大半で委員の意見は少しであったようだが、今後の議論に注目していきたい。

将来規模と地域配置

だがしかし、審議会には関わらない外部の一高等教育研究者の立場からは、あえてまずは③の問題についての私見をここで披露しておこうと思う。また、①や②の問題さらには③の残りの問題についても、一回の論稿では到底意を尽くすことができないから、審議会の審議の進行をみて、何度かコメントしてみたい。

これまでこの連載でもたびたび触れてきたように、18歳人口の減少は地方の、しかも小規模私立大学に深刻な影響を与えている。私学事業団が毎年公表している「私立大学・短期大学等入学志願動向」を見ても、大都市を含む県における大学定員充足率は、それ以外の県の大学定員充足率よりも高く、また入学定員ベースでみた小規模校は、大規模校に比べて定員充足率が低いことが分かっている。このことを是正することを目的に、都市部の大規模校の入学者数の抑制を図る政策が採られつつあるが、直ちに効果を期待するのは無理であろう。それは旧幕時代の「人返し令」が奏功したという話を聞かず、さらには隣国にあるような「農村戸籍」制度で半強制的に都市部への人の流入を阻止でもしない限り、東京の大学に、さらには東京圏に人が集るのは、そこに人々を寄せ付ける社会・経済・文化的な魅力があるからである。「まち・ひと・仕事創生総合戦略」において地方創生に資する大学改革の議論では、大学生の東京一極集中の是正には「地方での魅力のある雇用創出等の対策が必要」とあるのは、けだし正論であって関係者は大学のみの内向きの議論は是非とも避けなければならない。

さて高等教育の将来規模はどのように考えればよいのであろうか。昔から、さまざまなアプローチがあるが、専門分野別の人材ニーズにあった学部・学科の規模という考え方には、大学の専門分野と実際の産業別人材ニーズとの間に大きな乖離がある。国家資格で守られている医療分野等はともかくとして、一見そのような関係が成り立つように思われる理工系についても、現実はそう簡単ではないことが経験則上知られており、ましてや人文・社会科学系ではなおさらである。必然的に将来規模は、学生の大学等への入学ニーズの予測をベースとせざるを得ないであろう。

考えうるケースとして

図表は、前述した私学事業団のデータに基づき、私が作図したものである。私立大学を対象とするのは、国公立大学とは異なり、人口減の影響を直に受けるであろうからである。入学定員によって分けられた規模別に４本の棒グラフが立っているが、左端は２０１６年の入学定員である。入学定員３０００人以上の大規模校やそれに次ぐ１５００～３０００人の大学が大きなシェアを占めている。左から２本目の棒グラフは２０１６年の入学者数である。規模が小さくなるに従って入学定員充足率が低くなっているのが分かるであろう。

問題は、２０４０年の姿である。２０４０年の18歳人口予測は、今年４月に公表された厚生労働省の新推計値88万2千人を採用する。２０１６年の同推計の値は１２２万３千人であるから、進学率が不変であれば２０４０年の大学入学者数はその縮小比率に従って、全体でおよそ35万2千人になるであろう。その数値が、大学の規模にかかわらず一律に縮小すると仮定したのが左から３本目の棒グラフにあるケース①である。ただ、現時点でも志願者の多くを集めている大規模校で３割近くの入学者が減ると

図表　2040年の私立大学入学者数（規模別・ケース別予測）

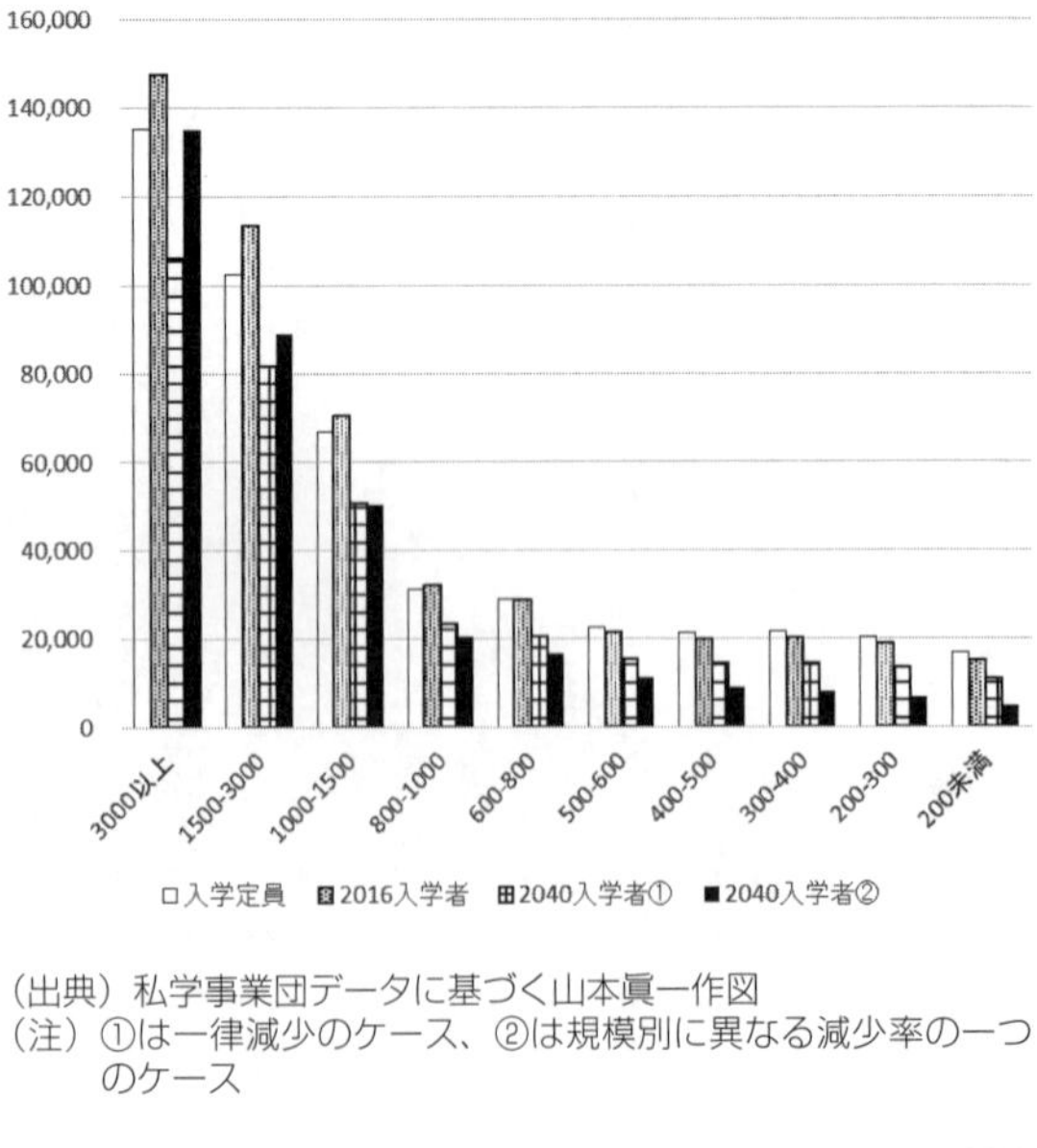

（出典）私学事業団データに基づく山本眞一作図
（注）①は一律減少のケース、②は規模別に異なる減少率の一つのケース

考えるのは、あまり現実的ではない。

そこでケース②として、大規模校は今の入学定員程度の学生を集める、その他の大学はその規模に応じて指数関数的に定員確保比率を減らし、かつ全体として入学者数が35万2千人になると仮定した場合、一つの解として右端の棒グラフのような分布になるであろう。但しこの場合、解は一義的には定まらず、また具体的な大学を想定しているものでもないので、その点はご注意いただきたい。要は、中小規模大学を中心に統合や廃止などの動きが加速する可能性があることが言いたいのである。

なお、進学率が伸びれば定員確保状況が若干は緩和されるかもしれない。ただその際には、大学はもはや過去の定義に基づく大学ではない、という現象がますます広がることだけは間違いのないことなのである。

（2017年7月24日）

16―3　高等教育の国際通用性～何が本当の問題なのか

改革を促進する「通用性」

近年の大学教育改革の議論の中で、「高等教育の国際通用性」ということがしばしば話題になる。2012年の中教審答申（いわゆる「質的転換」答申）では、「国際的通用性が問われる知識基盤社会、グローバル社会の高等教育」という認識の上に、学士課程教育の内容・方法の一層の改善が必要なことに触れている。日本の大学が世界に通用する人材を育てるべきだとの主張でもある。また、それに先立つ2005年の中教審答申（いわゆる「将来像」答申）においても、高等教育の質の保証の必要性の観点から、教育やその結果としての学位の国際的通用性の確保の必要性が、随所に述べられている。さらに、1990年代大学改革の掉尾を飾る大学審の1998年答申、すなわち「競争的環境の中で個性が輝く大学」という副題をもついわゆる「21世紀大学像答申」においても、今後の大学とその教育には国際的な通用性が必要として、通用性という用語が答申本文だけでも17箇所（山本眞一調べ）も出てきている。

明治の近代高等教育の発足以来、我が国の大学はその教育・研究のリソースの多くを海外に求め、当初はお雇い外国人教員が外国語で講義するということまでして、急速な近代化を図り、やや遅れては自然科学や工学を中心にそのレベルの向上を図り、すでに戦前期に世界の学界で通用するような研究成果を多く挙げるに至った。一方、人文・社会科学においては、多くの識者が批判するように「翻訳」の学問として発展してきた。このため、国際的に通用する独自の学問体系の構築やそれに見合った教育は、部分的には例外はあっても、全体としては大きく遅れており、これが大学教育改革の必要理由の一つになっている。国際的通用性という言葉はその意味で、改革を促進するという役割を果たし続けてきたのではあるまいか。

法的には認められた通用性

ただ翻って、本当に我が国の大学教育とりわけ人文・社会科学のそれは国際的通用性がないのか、と考えると色々な疑問が沸いてくる。学問そのものの国際的通用性はともかく、教育を受け然るべきプロセスを経て授与された学位（学士・修士・博士）に国際的通用性がないのかと問われれば、私なら即座に「有り」と答えたいのである。なぜなら、各国少なくとも先進各国は、それぞれ独自の高等教育制度を持っているが、同時に他国の高等教育を修めた者をどのように取り扱うかという仕掛けを持っているからである。私は、国際法や国際私法、それにかつて法例と呼ばれた「法の適用に関する通則法」を深く研究した者ではないから、教育以外の分野における国際間の調整についての議論は避けたいが、少なくとも、各国の高等教育の通用力に係わる大学院入学資格については、ここでおさらいをしておきたい。

我が国の学校教育法によれば、大学院に入学することのできる者は、我が国の法令によって設立された大学を卒業した者又は文部科学大臣の定めるところにより、これと同等以上の学力があると認められた者（学校教育法１０２条）とされており、その文部科学大臣が定める者には、外国において、外国学校教育における十六年（医学等を除く。以下同じ。）の課程を修了した者や我が国において、外国の大学相当として文部科学大臣が指定する外国の学校の課程を修了した者、外国の大学等において、修業年限が3年以上の課程を修了することにより、学士の学位に相当する学位を授与された者など、多少の例外はあるが、一定の形式的な要件が満たされた学校の課程を修了すれば大学院入学資格があるとしている。つまり、我が国の法制は外国の大学の教育課程をいちいちは詮索することなく、外形的な要件によって、その国の高等教育の我が国に対する国際的通用性を認めているのである。

我が国から外国の大学院に入学を希望する場合はどうであろうか。おそらくは国レベルでは同じようなことがあって、我が国の大学の学士号に国際通用力がないと言う国はないのではないか。また、個々の大学レベルで考えても、私が留学を希望する幾人かの学生のためにこれまで書いた推薦状とそれに基づく受験において、日本の大学教育の国際通用力がないことを理由に拒否されたという例はない。拒否されるとすれば、それは日本の高等教育制度のゆえではなく、本人固有の学力や意欲を先方が判断してのことなのである。それは、外国から我が国の大学院を受験する留学生が、大学の判断によって不合格になるのと同じである。

大学院出の少なさが問題

しかし、私は我が国の高等教育の国際通用性について、楽観的な意見を持っているわけではない。学士・修士・博士の学位そのものの通用性には問題がないだろうと言っているのであって、問題はその学位によって表された我が国の高等教育修了者全体のレベルの問題である。ユネスコが策定している国際標準教育分類（ＩＳＣＥＤ）という国際統計枠組みをご存知であろうか。各国比較のために、就学前教育から博士レベルまで八つの段階の教育レベルが策定されていて、２０１１年に大きな改定があって、現在の分類になっている。すなわち高等教育は、レベル5の短期高等教育に始まり、レベル6の学士、レベル7の修士、レベル8の博士と四つの段階に分けられている。このように明瞭に分けることによって、人材の質を判断する政策担当者や産業界その他多くの関係者は、当該人材が国際的にみてどのレベルの人材であるかを容易に判断することができる。人材のそれぞれの事情・背景に立ち入っての判断、すなわち真の実力主義の原則に近づこうとしている我が国のやり方とは異なり、多種・多様な人々で構成される国際社会では、まさに学位の国際通用性というのは、形式的に分類された教育レベルによらざるを得ないであろう。よく「博士でないと国際的には相手にされない」という話を聞くが、まさにこの一言が状況を表している。

そのような目で**図表**を見ると、我が国の高等教育修了人材のレベルには、正直憂慮すべきものがある。図表は、文部科学省の科学技術・学術政策研究所作成の「科学技術指標2016」を

図表　三つの分野の学位取得者のレベル・人数別国際比較（人口100万人当たり）

		年度	法経等	工学	教育・教員養成
日本	学士	2015	1,498	677	338
	修士	2012	69	271	35
	博士	2012	8	29	2
米国	学士	2012	2,052	537	333
	修士	2012	887	245	524
	博士	2012	30	37	31
ドイツ	学士	2012	1,069	612	63
	修士	2012	520	313	538
	博士	2012	44	36	5
フランス	学士	2012	976		
	修士	2012	730		
	博士	2012	22		
英国	学士	2012	1,537	646	287
	修士	2012	1,471	366	645
	博士	2012	52	50	14
韓国	学士	2013	1,618		404
	修士	2013	473		307
	博士	2013	48		15

（出典）本文参照。空欄は該当する数値がないものである。

基に、私自身がまとめたものである。文系の代表として「法経等」、理工系の代表として「工学」、そして教育界に身近な「教育・教員養成」の分野での学位授与状況を人口100万人当たりで比較したものであるが、工学はこれらの国間の比較において遜色はないが、法経等や教育・教員養成の分野では大学院レベルの人材層が異様に薄いことに気がつく。このような現状で、果たして厳しいグローバル化・競争社会の中で、我が国の高等教育を受けた人材が耐え抜くことができるであろうか？

私は、ここに我が国の高等教育の国際通用性の真の問題があるような気がしてならないのである。読者諸氏のご批判をいただきたいものである。

（2017年9月25日）

16―4　年齢主義からの脱却～ユニバーサル化への課題

学会から送られてきた報告書

先日、日本高等教育学会事務局から自宅宛に一冊の報告書が送られてきた。今年（２０１７年）５月に開催された学会創設20周年記念行事の報告書で、当日の記念講演やシンポジウムの様子が記録されたものである。本文１１５ページにわたるこの報告書は、学会活動を通じて観察されたこの20年間の高等教育研究の歩みをふりかえるとともに、これからの我が国の高等教育の姿を想像するのにも格好の資料である。個人的には、来年度桜美林大学で開催を引き受けている第21回学会大会の企画にも大いに役立つであろうと考えている。

この報告書にはさまざまな論点が提起されているが、私が当日そう思い、また報告書を改めて読み返してみて考えるのは、我が国の高等教育はいわゆる「ユニバーサル化」を成し遂げているのか、また今後成し遂げられるのであろうか、ということである。ユニバーサル化というのは、高名な高等教育学者であった米国カリフォルニア大学のマーチン・トロウ教授が１９７０年代にいくつかの論文を通じて提唱した、かの「エリート・マス・ユニバーサル」という高等教育システムの移行仮説である。我が国では、天野郁夫・喜多村和之両氏によって訳出された『高学歴社会の大学』（東京大学出版会、１９７６年）によって、広く高等教育関係者に広まり、それは今でも高等教育研究を志す者には必読書であり、かつ多くの大学院生がこれを手がかりに修士論文等の構想を練る基本書でもある。

但し、一つの問題がある。それは高等教育がエリートからマス、マスからユニバーサル段階へと移向する中でそれぞれの段階の高等教育に特徴的な性質のうち、進学率の15パーセント（マス）、50パーセント（ユニバーサル）という数値のみが独り歩きして、他の性質変化に対する着目がほとんどないことである。大学院生の論文だけではなく、研究者・実務家の一部でさえ、「我が国の大学・短大進学率が50パーセントを超えてユニバーサル段階に突入した」と何らの疑問もなく書かれた論考が散見されるほどである。

ユニバーサル段階とは言いながら

しかし、天野・喜多村氏の訳本の巻末にまとめられた図表を見ると、ユニバーサル型高等教育の特質として、高等教育の機会が少数者の特権や相対的多数者の権利ではなく「万人の義務」となるとか、中等教育修了後のストレート進学ではなく「入学時期のおくれやストップアウト、成人・勤労学生の進学、職業経験者の再入学が激増」、教育課程は中等教育とつながりつつ構造的なものから「段階的学習方式の崩壊」とトロウが名づける非構造的なものになるなどの項目は、残念ながら我が国の場合は全く当てはまらない現状にある。つまり、トロウの仮定した変化が我が国の高等教育には起きていない。それどころか、18歳人口の減少に対応して、近年ますますストレート進学者の割合が増えつつあること、成人学生が極めて少ないこと、さらに高等教育政策として「高大連携」

図表　日米の教育システムの相違（数字は年齢）

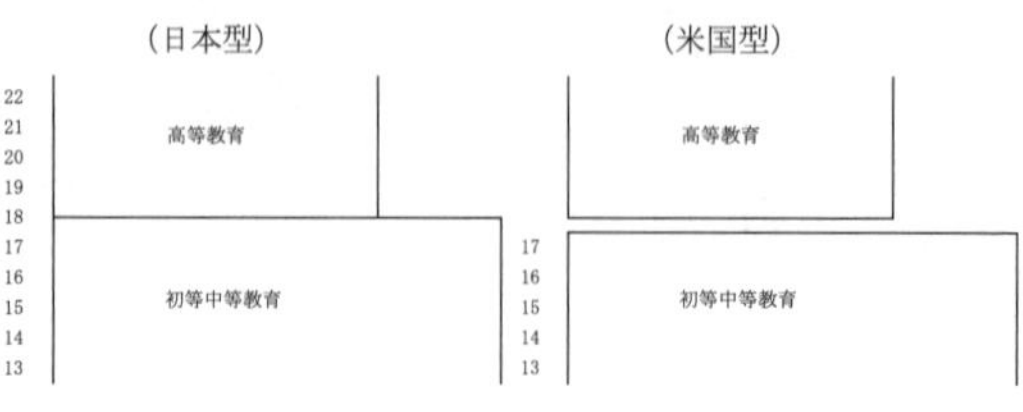

（出典）山本眞一作図

が声高に叫ばれていることなどの現象は、ユニバーサル化の流れとは相反するものではないか。

このような現状を踏まえて当日のシンポジウムで講演した桜美林大学の舘昭教授は、ユニバーサル段階にある米国の高等教育は、初等中等教育と切り離されて位置づけられており、その証拠として米国連邦教育省が教育統計資料で公表している学校系統図では、ハイスクールまでの初等中等教育については、年齢のスケールが示されているのに対し、高等教育機関である大学、コミュニティー・カレッジその他職業教育機関については、年齢スケールが示されていないこと、それにもかかわらず文部科学省が「諸外国の教育統計」の付属資料で、米国を含めて各国の学校系統図を作成するに当たって、我が国の場合と同様、高等教育についても年齢スケールを入れているのだ、と疑問を呈した。確かに原典である Digest of Education Statisitics を見ても高等教育部分には年齢スケールがない。我が国のシステムに引き摺られたような作図は如何なものかと思う。

舘教授は言う。「つまり、中等後教育の世界、ユニバーサル段階にある高等教育の世界は、初等中等教育の延長にあるのではなく、教育として提供される学術の内容においても、その年齢を含む学生層においても、したがってその構成原理、機関の在り方、管理の在り方や運営方式においても、初等中等教育とは一線を画すものだということが明確に示されているのです。ユニバーサル段階では、そうでなければ、大人の成果である高等教育の力を、現代の課題を果たすものとして機能させることなど、できないのです。」（報告書より引用）

思考枠組みの転換を

実に論理明快ではないか。我が国では近年、高大接続と称してことさらに大学教育と高校教育とを結びつけようとする動きが、教育政策としても、また学校関係者の動きの中でも目につくところであるが、これからの大学をユニバーサル段階にふさわしいものとして育てるつもりであれば、思考枠組みを転換し、高大接続よりもいかにして社会人学生を増やすか、そのために大学教育の効用を増すようにするか、社会システムの中で大学をどう位置づけるか、などの課題に真剣に取り組むことが必要なのではあるまいか。まして、科学技術が一国の経済を左右する時代である。学術研究機関としての大学の在り方を考える際には、さらにこのことは重要である。

ずっと以前のことであるが、埼玉大学大学院に助教授として出向していた折、先輩の教授らが「学士課程卒業だけでは低学歴者に過ぎない」と言っていたことを思い出す。当時は私もこの議論には反発を覚えたものだが、私が最近連載（第４２０号、２０１７年9月25日）で書いたように、我が国の国民の高等教育レベルは、文系では相変わらず学士卒に大きく偏っている。大学教育を高校教育の延長線上に捉える従来からの発想では、学士課程より先に思いが及ばないのではないか。しかし大学院レベルの人材を育てることは急務であり、またそのためには年齢や経歴に囚われない柔軟な学生募集が必要である。もちろんさまざまな経済的・社会的・文化的障壁を取り除くことが必要である。大企業の若年時新卒一括採用システムは、崩れつつあると言いながら、ネット社会の中でますます存在感を高めているようであり、また知識社会・グローバル社会にふさわしい学歴尊重の考え方も未熟である。

いずれにせよ、万人のための高等教育ということであれば、これまでの発想を超えた大学システムの構築が必要である。私はいずれ近未来には、時間や空間の壁を超えた大学、すなわち曜日や時間に固定された授業、一定の場所に学生を閉じ込めるキャンパスなどの現在の姿は、大幅に変えていかざるを得ないのではないかと考えている。駅前大学、出前大学とでも言うべき大学の姿は、決して空想のものではなく、きわめて発展可能性の高い近未来の大学なのではないかと思う。そのような姿を見せてこそ、我が国の高等教育もユニバーサル段階に入ったと言えることであろう。そうでない間は、せいぜいマス化がどんどん進展しているとしか表現できないのが、今の我が国の高等教育の姿なのである。

（２０１７年11月27日）

16—5　論文書きの今昔〜スマホ時代の情報環境

論文書きの作業と苦労

大学に長く勤めていると、学事暦の繰り返しの中で、冬は入試の時期であるとともに、在学生に対しての期末試験や学位授与のための試問の季節であることを実感する。我が桜美林大学大学院も例外ではない。その修士課程で学ぶ学生が、最後に行う作業は修士論文の作成である。大学アドミニストレーションという分野が極めて実際的な問題を取り扱うこともあって、実務内容に直結した研究成果報告書という代替の途もあるにはある。しかし私としては、公開性・学術性などを重視し、より汎用的な能力養成に役立つと思われる修士論文の作成を学生には勧めている。今学期、私は10人を超える指導学生を抱え、うち9人が論文や研究成果報告書を書き終えたのは、間もなく定年退職する身には幸いなことであった。

さて、今頃の学生が修士論文を作成するのはもちろんパソコン（ＰＣ）によってである。文章だけではなく、データの分析や図表の作成などさまざまな作業が可能で、しかもそれらを自在に加除修正できるのもパソコンのおかげである。現に今回の９人の学生の論文等も、ほとんど文章だけであった以前に比べると、表現内容が格段に向上している。１９９０年代の始め頃のパソコンはまだ能力が低く、かつネットワークにもつながっていなかったので、Ｗｅｂで情報を検索して事実を確認し、かつ得られたデータを元に表計算ソフトで図表を作成し、あるいは統計ソフトで分析結果を出力して、こ

図表　筆者作成の手書き修士論文の書き出し部分

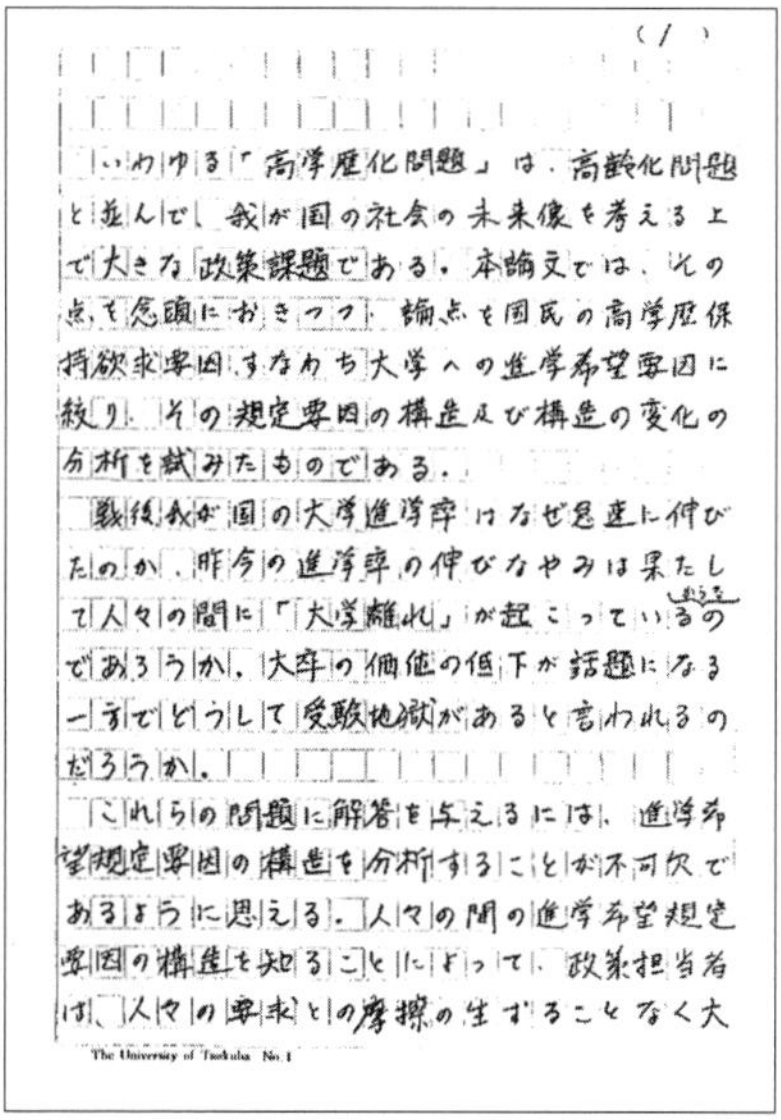
(1)
いわゆる「高学歴化問題」は、高齢化問題と並んで、我が国の社会の未来像を考える上で大きな政策課題である。本論文では、その点を念頭におきつつ、論点を国民の高学歴保持欲求要因すなわち大学への進学希望要因に絞り、その規定要因の構造及び構造の変化の分析を試みたものである。
戦後我が国の大学進学率はなぜ急速に伸びたのか、昨今の進学率の伸びなやみは果たして人々の間に「大学離れ」が起こっているのであろうか、大卒の価値の低下が話題になる一方でどうして受験地獄があると言われるのだろうか。
これらの問題に解答を与えるには、進学希望規定要因の構造を分析することが不可欠であるように思える。人々の間の進学希望規定要因の構造を知ることによって、政策担当者は、人々の要求との摩擦の生ずることなく大
The University of Tsukuba No.1

れをワープロソフトで作成した文書に貼り付けることなど、夢のまた夢のような話しであった。

しかし、それよりさらに以前の１９７０年代半ば、私が人事院派遣の行政官国内研究員として筑波大学の大学院で勉強していた頃は、パソコンやワープロ専用機すらない時代で、分析に使うのは大学の大型計算機につながった端末であり、出力から得られた分析結果も手書きで表現するしかなかった。短いプログラムを入力して作業させることができる電卓もあったが、個人で買うには高価なものであったことを記憶している。図表に示したのは、私が昭和54（１９７９）年、「大学進学希望率規定要因の分析」と題して書いた修士論文の一部である。もちろん見ての通りの手書きである。気のせいか、現在の私よりも字がきれいなように見える。同年、この論文をベースにさらに論点を絞った論稿が、日本教育社会学会の「教育社会学研究第34集」に採択されたので、興味のある方はそちらをご覧いただきたい。

手書きからパソコンへ

手書きというものは、数十ページも書き進めると手が疲れてくる。必然的に一日に書き進められるページ数も限られたものになる。当初、この修士論文は、書く材料さ

え揃えば文章は一週間もあれば書けるであろうと高を括っていたが、実際にはそう簡単ではなかった。締切日の10日ほど前に最終的な執筆に着手したのだが、案の定なかなか進まない。必死の思いで書き続け、最終的には三晩連続の徹夜をし、最後は朦朧となりながらやっと締切日の早朝に仕上げたという、まことに苦い思い出がある。結果として書いた枚数は４００字原稿用紙１４４枚、字数にして5万7千余ということになる。この無理ができたのは、まだ29歳と年齢的に若く体力もあったからではないかと思う。今の勤務校の社会人学生は30代から40代の者が多いので、その点では気を付けなければならない。

これに懲りて、40代半ばで書いた博士論文の時には、完成予定の約10か月前には本務の傍ら執筆を開始し、途中何度も挫折をしそうになるのを指導教員や仲間の応援に支えられつつ完成にこぎつけた。この時には、すでに論文作成はワープロやパソコンの時代に入っており、ウィンドウズ95も出現し、文章の編集はかなり容易になっていた。文章の順序を気にすることなく、書ける部分から書きためていくということも可能であった。ただ、文書はまだ当時一般的であったフロッピー・ディスクに保存を繰り返しつつ作業をするというやり方であったと思う。やがて持ち運びに便利なノート型パソコンが出現し、現在に至るまで、出張の多い研究者にとって必需品に近いものになっていることは、皆さんご存知のことであろう。学会の大会に出るたびに、実に多くの研究者がノートパソコンを開いて会場に座っているのを実感する。

私自身も２０１０年頃まではノートパソコンを持ち歩いて、通勤途中や出張先でも作業をするというスタイルをとっていた。しかしながら、やがてノートパソコンが重いと感じるようになり、またUSBの紛失や海外出張の折などにノートパソコンを盗まれる大学教員の話を聞くようになってからは、それすら持ち歩かなくなっている。だから、この数年、私は新たなノートパソコンを買うこともなく、したがって最新型のそれを知る機会もない。代わりに持ち歩いているのが、スマートフォンすなわちスマホである。考えてみれば、スマホは電話機ではなく小さいパソコンのようなものである。いや、情報環境が整うにつれ、パソコン以上の機能を発揮している。あるときはパソコンに、別の時にはカメラやスキャナに早変わり、果ては辞書の参照から航空便の予約まで、日々の生活の多くの場面でこれを使うことが多くなっている。自宅のパソコンで作業した結果はクラウドに送り、研究室のパソコンでこれを受け取って作業を継続する、そして研究室の作業もクラウドを介して自宅で続けるという具合になったのである。

スマホ時代の情報環境

ひところ、携帯電話で卒論を書く学生がいる、今どきの学生はキーボードの操作が苦手、というような都市伝説めいた話を聞く機会が多くあったが、気が付いてみると自分自身がスマホでメールや短い原稿を書いているのだと気づくことも多い。出張中に作業が必要なときは、パソコンを借りてもよいが、キーボートだけを持ち歩き、画面はスマホを利用するということも、十分実用に耐えるレベルに達してきているからだ。また需要があるところに優秀な技術者が集まるためであろうが、実に便利なソフト（アプリ）が提供されている。ワープロや表計算などの基本的なソフトも、スマホ用に多数開発されている。また、かつてはスケジュール管理のために手帳を持ち歩いていたが、ある時、これを自宅に置き忘れて往生し、あやうくダブルブッキングをしかねない危機に直面したことがあった。これ以後、手帳もやめてスマホのアプリでスケジュールを管理するようになった。これだと万一スマホを忘れても、パソコンとデータが連動していれば問題がない。

最後に論文の内容に関わる話を一つ。論文やその他の文章を作るときに、問題なのが根拠となる参照文献が近くにあるかどうかである。昔は自宅や研究室あるいは勤め先の図書館に現物がなければ、すぐに作業をすることが難しかった。しかし今は、物理的には遠く離れた場所にあっても、ネットを通じて入手できる情報が格段に多くなっている。例えば、広島大学高等教育研究開発センターの刊行物は、ネットを通じて入手することが可能である。同じようなケースは他の研究機関でも多く見られる。またその所在は多様な検索エンジンによって、パソコンやスマホの画面から直にアクセス可能である。いわば画面の向こうに、常時膨大な分量を持つ資料室があるようなものである。これは個人間・大学間の情報格差を縮めるという意味合いでも非常に重要なことである。このようにして論文を書く環境は日々変化かつ進歩している。10年、20年後の大学院学生や我々研究者がどのような情報環境に置かれているのか、想像するだけで楽しい。

（2019年2月11日）

16—6　退職年度の年度末～修論指導と最終講義

最終講義での振り返り

時節はすでに年度末。個人的事情を書いて恐縮であるが、私は3月末で勤め先の桜美林大学を70歳の定年によって退職する。昭和47（1972）年に当時の文部省に就職し、出向先での仕事を含めて20年を過ごした後、筑波大学、広島大学そして桜美林大学と27年間の大学教員生活を送ってきた。都合47年間の勤め人生活は、決して平穏無事ということだけではなかったが、ともかくも半世紀近くを過ごすことができたのは、関係する皆さん方のおかげであると感謝している。

3月9日に「最終講義」なるものを行った。私のゼミの有志の方々が幹事を引き受けてくれて、私がこれまで指導してきた院生だけではなく、学内外からさまざまな方約50名に集っていただいた。講義は「高等教育の変容と職員論のこれから」と題し、文部省時代を含めてこれまでの仕事を振り返るとともに、時代の変化と大学改革、大学職員の立場と変容、職員論のこれから、皆さんに期待することと、というサブタイトルに従って話しを進めた。本稿の写真のように、今の私と30数年前の私の顔を並べながら話しをする部分もあったが、確かに世の中の変化に合わせるかのように、私自身の姿形も相当に変わってきているのだということを、今さらのように実感した。講義の結論としては、未来の大学づくりのために、能力を磨き立場も確立したプロとしての職員になってほしいというのが、私の言いたかったことである。集った元院生の方々の多くは、各所の職場で活躍中であるが、ますます発展を遂げて欲しいと思う次第である。

院生の修了が最大の仕事

さて、退職年度には色々やるべきことが多かった。私生活上の雑務はともかくも、仕事の上で一番大きかったことは、指導している院生の学修指導である。もちろん私の退職に間に合わせるように修了しなければならないというきまりはない。制度的な観点からは、院生の入学は組織としての研究科が引き受けたことであるので、指導教員が退職しても、その学修指導は別の教員によって担われなければならない。大学院での学修指導を師匠と弟子という前近代的な関係で論じる人も未だにいるのは残念であるが、少なくともわが研究科ではちゃんと学修指導体制は引き継がれることになっている。

それでも、院生の立場から見ると、指導教員が代わるということは結構大変なことのようで、従って、今春が最長在学年限に達する院生だけではなく、在学年限に余裕のある者の多くも「山本先生と一緒に卒業します」と希望したので、結局、いつもの学期よりもずいぶん多い9人という修了者を出すことになった。ちなみに9人の内訳は通学課程が2人、通信課程が7人である。例年になく数が多いので、論文提出の最終段階に近づくにつれて指導時間が不足するのではないかと心配もした

山本眞一写真（左は30歳代後半、右は現在）

が、院生の側でも事情を承知していたのか、段取りの良い方々が多かったので、実際にはいつもの場合よりもスムーズに修士論文作りを進めた院生が多かったように思う。その9本の論文の中から、とくに印象が強かったいくつかを紹介してみよう。

印象深かった論文の中から

A氏の論文は、安倍内閣の成長戦略と大学改革政策との関係を論じたもので、高等教育政策形成とその実施について、法令、通知、答申や研究論文だけではなく、会議録の分析など細部にわたる分析の下に書かれている。近年急速に影響力を増しつつある官邸というものにメスを入れた意欲的な考察である。A氏の問題意識によれば、2000年前後から始まるいわゆる構造改革路線において、それまで「自民党文教部会＝文部省＝中教審」つまりは族議員・官僚・利益集団の三者による「鉄の三角形」と呼ばれる意思決定システムが弱体化し、代わって首相・官邸への集権化が進んでいるという仮説を検証しようとするものである。

論文では、考察事例として①イノベーション・ナショナルシステム構築と産学官連携体制、②国立大学の運営費交付金改革、③国立大学の人事給与システム改革、④卓越大学院・指定国立大学法人・卓越研究員の四つの事例を取り上げ、これらの政策アイデアの主要な発信源が産業競争力会議など官邸に置かれた政策会議であり、さらにこれらの政策会議内の発信者が産学官の有力者（コアメンバー）であることを、議事録等で実証的に確認している。大学改革は、いわば教育政策以上の「国策」としての位置づけを与えられたものであり、中教審がそれら国策の実施方法を論じる会議に成り下がったこととも関係があるように思える。

官邸・高学歴化・学生寮

Ｂ氏の論文は、高学歴化が著しい我が国の看護教育のあり方を論じたものである。近年、看護系大学が急速に拡大し大学院も拡充されつつある中で、看護師養成教育において高学歴化が進行中であるが、そのことの背景分析とともに、看護教員養成システムや看護師養成プログラムの維持の面からの諸問題を扱った意欲的な論文である。看護師と准看護師との位置づけや養成教育制度を巡り、日本看護協会と日本医師会とは異なる主張を展開しているそうだが、看護協会が主張する看護師養成の高学歴化の背景には、医師と看護師という職業集団間の、教育社会学でいう「葛藤」が背景にあるとＢ氏は見ている。

その上で、２００１年の「看護師等の人材確保の促進に関する法律」制定以後の動きを辿りつつ、看護系大学の急増により看護大学教員の量的確保が求められる中、質的確保についての課題を抱えながら拡大が続けられたところに問題があるというのがＢ氏の見立てである。とくに大学院生について大学教員としての資質を高める機能を積極的に拡充することが求められると指摘している点は重要であると思う。私自身、かつて某大学の非常勤理事を務めていたとき、設置する看護関係学部における教員の異動が頻繁であり、かつ学位や業績などの資質判断が他の分野よりも緩やかにならざるを得ない現状を見たことがあり、非常に興味深くＢ氏の論文を読んだのである。

Ｃ氏の論文は、我が国の大学における学生寮の役割とその変遷に関する研究である。学生寮と聞くと、私のように団塊世代の者には、大学当局の手が及ばない自治寮、きたない居住環境、学生運動の巣窟などのキーワードが思い浮かび、現に私自身も東大三鷹寮において木造二階建ての戦前の建物、14人部屋、一部屋で使える電力は天井からの照明を除けばわずか５００Ｗという、当時としても驚くべき劣悪な環境での生活を2年ほど経験しているので、学生寮についての一種の固定観念があった。しかしC氏の個別大学の個々の学生寮のレベルに及ぶ詳細な調査検討と分析結果を読むと、今日の学生寮には人間形成や人材養成の役割とともに、大学の設置場所以外からの学生の確保を含めて大学経営の上からも重要な役割を果たすようになってきていることが分かる。私が持っていた固定観念をつき崩す現実がそこにあるのである。もっとも、私が過去に勤めた筑波大学や広島大学の周辺には地元の人々の協力による多数の民間アパートがあり、大学と協働して学生の居住環境を確保してきた経緯を考えると、民業圧迫になりはしないかとの若干の危惧も感じる。

これまで、かれこれ450本ほどの連載記事を提供してきた。4月からは心機一転して引き続き高等教育のさまざまな事象を論じていくつもりであるが、ここに現役大学教授としては最後の論稿を皆さんに届ける次第である。

（2019年3月25日）

あとがき

本書に収録した95本の論稿は、上巻まえがきにも記載したように、私が『文部科学教育通信』（ジアース教育新社）の連載として2015年から4年間にわたって執筆したものである。その間にも大学を含む高等教育とそれを巡る環境は刻々と変化し続けている。大学経営の実務者は、政策の動向を追い、これを自校の維持・発展につなげることに追われていて、大学のあり方をゆっくりと考えるゆとりがないという話を聞く。また、本来そのあり方を学問として攻究し、提言として社会に発信すべき高等教育研究者も、細かな業績の集積に忙しいのか、現実の政策の後追い的な業務に追われている者が多いようである。さらにそもそもの高等教育政策の立案と実行に見識と責任をもつべき文科省当局も、官邸からの指示、国会対応その他日常対応業務に追われていて、ゆっくりと政策論を考える間がないように思える。もっともこの点は、私自身が文部省に勤務していた1970年代から90年代始めの頃も同様であって、その意味で後輩諸氏に同情こそすれ、あまり厳しい批判は自らの記憶に照らすとき、いささかの躊躇を覚えざるを得ない。

しかし、それぞれの立場にある者にはそれぞれの事情はあるものの、大学を含む高等教育の現状や改革方向がこれでいいのかと問われれば、その答えはおのずからノーと言わざるを得ないのである。結局のところ、関係者の総てが力を合わせて大学のより良き方向性を議論し、諸問題を解決していくしか方法はない。本書がそのような場合に、関係者の考察にいささかの参考となればそれに勝る喜びはない。引き続き、私は『文部科学教育通信』に連載論稿を掲載中であるので、それらも参考にしていただき、より良い大学づくりのために更なる行動に邁進していただきたいと願っている。

２０２０年１月

山本　眞一

な行

は行

ま行

事 項 索 引

な行

は行

ま行

や行

ら行

わ行

人 名 索 引

著者略歴

山本眞一

1949年生まれ。博士（教育学）。専門は高等教育システム論。1972年東京大学法学部卒業、文部省（当時）勤務を経て、1992年筑波大学助教授、1996年同教授。2006年広島大学教授、2007年同高等教育研究開発センター長、2012年桜美林大学大学院教授、2019年同定年退職。著書に、『質保証時代の高等教育』（上・中・下）（ジアース教育新社）、『大学事務職員のための高等教育システム論』（東信堂）などがある。

激動の高等教育（下）

令和２年４月７日　第１版第１刷発行

著　者　山本　眞一
発行人　加藤　勝博
発行所　株式会社ジアース教育新社
〒101-0054
東京都千代田区神田錦町1-23
宗保第２ビル５階
TEL 03-5282-7183　FAX 03-5282-7892

ISBN978-4-86371-546-2
○定価はカバーに表示してあります。
Printed in Japan